François, le pape des pauvres

Titre original : *Jorge Mario Bergoglio. Francesco. Insieme*

Milan, Italie
www.edizpiemme.it

18, rue Barbès, 92128 Montrouge Cedex
ISBN : 978-2-227-48661-4

Andrea Tornielli

François, le pape des pauvres

Traduit de l'italien
par Jean-Pierre Prévost

bayard

À ma mère Eleonora

Introduction

« Je te demande de prier pour moi... »

Mercredi 13 mars 2013. Après avoir aperçu la première fumée noire en fin de matinée, je suis allé manger l'habituelle assiette de légumes et calamars frits avec mes collègues chez Roberto, au restaurant Al Passetto di Borgo[1], puis j'ai quitté le Vatican pour retourner à la rédaction de *La Stampa,* dans la via Barberini. Depuis que les journaux ont créé leurs sites Internet multimédias, les journalistes de la presse écrite doivent également faire du direct télévisé et des reportages audio et vidéo. « Si c'est une fumée blanche ce soir », m'avait dit mon chef, « nous devons immédiatement diffuser un direct en streaming pour commenter l'annonce. » Les cardinaux étaient enfermés dans le Vatican depuis presque une journée, sans aucune possibilité de communiquer avec l'extérieur, et les journaux et

1. Du nom du passage surélevé qui relie le château Saint-Ange à la cité du Vatican. (Toutes les notes sont du traducteur.)

certains cardinaux prévoyaient un conclave « difficile » et « incertain », qui serait certainement plus long que celui de 2005, qui s'est conclu par l'élection de Joseph Ratzinger. À défaut d'avoir un candidat aussi fort que ne l'était, huit ans plus tôt, le préfet de la Congrégation pour la doctrine de la foi, la désignation du 266e évêque de Rome allait donc être plus laborieuse.

Et pourtant, justement ce jour-là, un ami cher et un collègue, Gerard O'Connell, m'avait prévenu : « D'après moi, nous pourrions avoir un pape ce soir… » Ce matin-là, j'étais sorti de la maison avec un petit livre dans mon sac, *El Jesuita*, un livre d'entretiens avec le cardinal de Buenos Aires écrit par Sergio Rubin et Francesca Ambrogetti[1]. Des cardinaux « *papabili* » du conclave, Bergoglio était celui que je connaissais le mieux. Je ne l'avais interviewé qu'une seule fois, en février 2012, pour *Vatican Insider*, le site web thématique de *La Stampa*, mais depuis plusieurs années j'avais eu la possibilité de le rencontrer à l'occasion de ses rares voyages à Rome. J'avais souvent parlé avec lui de la vie de l'Église. J'avais connu et même reçu chez moi à Rome le père Pepe, un des prêtres de son diocèse qui annoncent l'Évangile dans les *villas miserias*, les bidonvilles de Buenos Aires.

Chez Bergoglio, j'ai toujours été frappé par la profondeur de son regard de foi, son humilité, ses paroles qui

1. Publié en Argentine en 2010 chez Vergara.

savent toucher le cœur et communiquer la miséricorde de Dieu. Il m'est arrivé de lui soumettre des articles ou des réflexions publiés sur le blog, mais aussi de lui demander des prières. À la fin de chaque rencontre, il me disait toujours : « Prie pour moi, je te demande de prier pour moi… »

Chez moi, à Rome, j'ai pour voisins des amis de toujours, Gianni Valente et Stefania Falasca, qui sont eux-mêmes très proches du padre Bergoglio depuis plusieurs années. J'ai pu être le témoin de cette amitié et j'ai pu, moi aussi, l'écouter raconter ses expériences de pasteur, ses rencontres avec ces fidèles qui l'aimaient tant et reconnaissaient en lui un des leurs : quelqu'un qui était venu pour les servir et non pour se mettre en avant. Quelqu'un venu pour partager et non pour exercer un pouvoir sacré, pour séduire par le sourire de la miséricorde et non pour « imposer les normes de la foi ». Quelqu'un venu pour faciliter la rencontre avec Jésus. Proximité, miséricorde, douceur, patience : c'étaient les mots du padre Bergoglio, cet évêque qui avait tant souffert d'apprendre que « certains prêtres ne baptisaient pas les enfants des femmes non mariées parce qu'ils n'avaient pas été conçus dans la sainteté du mariage ».

Je l'avais vu très calme pendant les quelques jours qui avaient précédé le conclave. « La nuit, je dors comme un enfant », avait-il confié à Gianni et Stefania. Il nous avait dit qu'il avait déjà préparé son homélie du Jeudi saint qu'il aurait à prononcer une fois rentré en Argentine. Il nous avait parlé de son vol de retour réservé pour le 23 mars et d'un rendez-vous avec la communauté juive qu'il ne voulait pas manquer. « Je dois retourner auprès de *mon Épouse* », répétait-il en faisant référence, sourire aux lèvres, à l'Église de Buenos Aires, cette « épouse » qu'il a aimée et servie en tout et en tous, à commencer par les plus pauvres. Rien dans son attitude ne laissait pressentir la lourde responsabilité à venir. C'était le témoignage d'un homme simple. Et pourtant, jamais je n'avais ressenti autant de sérénité et d'abandon à Dieu chez le cardinal Bergoglio que pendant ces quelques jours.

C'est peut-être aussi la raison pour laquelle, en cet après-midi du 13 mars, à peine arrivé à la rédaction, j'ai commencé à écrire quelques notes sur lui, tout en écoutant en boucle un morceau que je trouve particulièrement apaisant, le fameux Canon de Pachelbel, interprété par le London Symphony Orchestra. Je me souviens en avoir un jour entendu une version pour harpe alors que je me trouvais avec padre Bergoglio et d'autres amis. Puis, à 19 h 05, après qu'une mouette s'est posée à plusieurs reprises sur la cheminée de cuivre au-dessus du toit de la chapelle Sixtine, voici les toutes premières bouffées de fumée blanche. Un pape a été élu. Avec mon collègue Paolo Mastrolilli, j'ai dû prendre en charge le direct pour le site de *La Stampa*. Nous avons attendu l'annonce en racontant aux internautes ce qui allait se passer. Dès que le cardinal Jean-Louis Tauran, après avoir lancé le fatidique « *Habemus Papam* », a prononcé « Geo... », la première syllabe de Georgium, j'ai crié : « Bergoglio ! » Je me suis mis à parler de lui, de sa vie, de son histoire, de son expérience d'évêque, de sa simplicité, de son humilité et de sa critique de la « mondanité spirituelle » dans l'Église.

« Comment as-tu fait pour ne pas pleurer en direct ? Nous pleurions tous... », m'a demandé ma femme, depuis Milan, via Skype, quand j'ai finalement pu la joindre.

La simplicité du pape François, sa profonde inclinaison de la tête pour recevoir la bénédiction qu'il réclamait à son peuple, ce salut spontané — « *Buona sera* » —, cette persistance à être, même en tant qu'évêque de Rome et pontife, toujours et uniquement lui-même, ont frappé le cœur de millions de fidèles.

Il n'a pas voulu la mozette rouge bordée d'hermine ni les chaussures rouges. Il n'a pas voulu remplacer sa pauvre croix de fer ni son modeste anneau. Le lendemain, il est allé prier devant l'image de Marie *Salus populi romani*[1] à Sainte-Marie-Majeure sans être entouré de l'apparat pompeux d'une délégation ni d'un imposant dispositif de sécurité, qui trop souvent risquent de faire passer, aux yeux

1. Protectrice du peuple romain.

des fidèles, l'évêque de Rome, un pasteur, pour le président d'une superpuissance. Padre Bergoglio, pape François, le premier pape jésuite, le premier latino-américain, le premier à choisir le nom du grand saint d'Assise, à travers ses petits mais néanmoins grands gestes et ses paroles, à l'aube de son pontificat, est déjà en train de montrer ce que veut dire aujourd'hui confesser Jésus Christ.

« Ne cédons jamais au pessimisme », a-t-il dit en rencontrant les cardinaux dans la salle Clémentine, « ne cédons jamais à cette amertume que le diable nous offre chaque jour ; ne cédons pas au pessimisme et au découragement ; nous avons la ferme certitude que l'Esprit saint, avec son souffle puissant, donne à l'Église le courage de persévérer et aussi de chercher de nouvelles méthodes d'évangélisation, pour porter l'Évangile jusqu'aux extrémités de la terre. » Et le soir du 13 mars, le monde en a eu un témoignage éclatant.

I

Habemus Papam Franciscum

La place Saint-Pierre est une immense étendue de parapluies ouverts. Des milliers de personnes défiant le froid et la pluie attendent depuis des heures que la cheminée de cuivre de la chapelle Sixtine livre la réponse attendue. La veille, à 16 h 30, la longue et impressionnante procession des cent quinze cardinaux électeurs du conclave appelés à désigner le successeur de Benoît XVI a défilé de la chapelle Pauline à la Sixtine. Après l'assermentation et la méditation livrée par le cardinal Prosper Grech, les cardinaux ont commencé à voter. Bien qu'il n'y eût aucun doute sur l'issue de ce premier scrutin, la foule, très nombreuse déjà, attendait, le nez en l'air. Les abondantes volutes de fumée noire confirmèrent que le vote avait commencé et que, comme prévu, aucun des cardinaux n'avait obtenu les 77 voix nécessaires — équivalant aux deux tiers de l'assemblée.

Mercredi 13 mars, après une première traînée blanchâtre, la fumée de midi qui suit les deux scrutins de la matinée est elle aussi noire. Encore une fois, l'issue était prévisible. Au cours du dernier siècle, seul Eugenio Pacelli a été élu dès le troisième scrutin, en mars 1939. La guerre alors menaçait, et les cardinaux avaient rapidement choisi le fidèle secrétaire d'État de Pie XI. À l'extérieur, le reste du monde — les médias, les fidèles et les curieux — se demande ce qui se passe sous les voûtes de la chapelle, devant cette fresque dramatique et stupéfiante du *Jugement dernier* de Michel-Ange. Ou ce qui se passe entre les cardinaux pendant leur déjeuner à la Maison Sainte-Marthe, où ils sont logés. Dans l'après-midi, malgré les prévisions d'un conclave long et difficile, l'élection commence à devenir plus probable. En avril 2005, Joseph Ratzinger a été désigné au quatrième tour de scrutin.

Mais ce jour-là, il n'y a aucune fumée blanche entre 17 et 18 heures, ce qui signifie que les cardinaux ont enchaîné avec un nouveau scrutin, le quatrième de la journée, le cinquième du conclave. La fumée, blanche ou noire, est attendue pour 19 heures. Peu de temps avant, une mouette vient se poser au sommet de la cheminée où elle demeure, immobile, pendant plus d'une demi-heure, bien visible de tous sur les quatre écrans géants qui ont été installés devant le basilique vaticane.

« Ce n'est pas bon signe », dit un prêtre, « l'oiseau qui symbolise l'Esprit est la colombe, et sûrement pas la mouette. Cela veut dire qu'ils n'ont pas encore choisi. »

Et pourtant, quelque chose se passe. Une attente grandissante qu'on ne s'explique pas.

À 19 h 05, une fumée blanche, presque transparente d'abord, puis de plus en plus dense et immaculée, commence à sortir de la cheminée ; la foule ravie se met à applaudir. On a un pape, même si le monde ne connaît pas encore son nom ni son visage. Entre-temps, la pluie a cessé. L'attente semble interminable. Puis les grandes portes vitrées de la loggia centrale de Saint-Pierre s'ouvrent et le cardinal protodiacre Jean-Louis Tauran se présente à la foule pour annoncer le nom de l'élu : « *Annuntio vobis gaudium magnum. Habemus Papam. Eminentissimum ac Reverendissimum Dominum Georgium Marium, Sanctae Romanae Ecclesiae Cardinalem Bergoglio, qui sibi nomen imposuit Franciscum.* »

« Georgium Marium » aurait suffi pour faire comprendre que l'élu est le cardinal de Buenos Aires, un archevêque jésuite né dans cette ville soixante-seize ans plus tôt d'une famille d'émigrants piémontais.

Le nom n'est pas connu, et au début les gens semblent presque déconcertés. Comme ils l'étaient le soir du 16 octobre 1978, quand le cardinal Pericle Felicio avait annoncé aux fidèles que le nouveau pape était Karol Wojtyla. Padre Bergoglio, donc. Tous s'attendaient à un pape jeune, et les cardinaux préfèrent de nouveau un homme déjà âgé. Plusieurs avaient prédit un « pape italien » et le nouvel évêque de Rome arrive de l'hémisphère sud, de très loin, après avoir parcouru en sens inverse le trajet fait par sa famille en 1929 à partir du port de Gênes.

Quiconque connaît Bergoglio, sa personne, perçoit immédiatement la portée de l'événement. Le choix de son nom la rend encore plus évidente : François. C'est lorsqu'elle entend ce nom que la foule se déchaîne dans un applaudissement bruyant. Un pape jésuite qui prend le nom du *poverello* d'Assise, fondateur de l'ordre franciscain. Signe d'un changement, d'un tournant. La revendication du radicalisme évangélique, d'une Église pauvre, qui chemine, édifie et construit le Christ crucifié, « le Sauveur unique de tout l'Homme et de tous les hommes ».

Quelques minutes passent encore, et voici que le nouveau pape arrive. Il est 20 h 10. Pour la première fois de l'histoire, avant même que l'élu n'apparaisse, le Centre de télévision du Vatican montre une image furtive de François revêtu d'habits blancs. Le pontife ne porte rien de plus sur les épaules : ni la mozette rouge bordée d'hermine qui avait été préparée ni l'étole blanche. On apprendra plus tard qu'il n'a pas voulu endosser cet habit royal. La fourrure d'hermine ne convient pas à un pape nommé François. La croix pectorale n'a pas changé, elle est celle que Jorge Mario Bergoglio a toujours portée. Elle n'est pas en or, elle n'est incrustée d'aucune pierre précieuse.

Le nouveau pape apparaît entouré des cérémoniaires et de quelques cardinaux, et il veut à ses côtés le vicaire de Rome, Agostino Vallini. À peine sorti, il lève la main droite en un geste de salut avant de se figer, immobile et muet, pendant que la foule crie « *Viva il papa !* ». Puis il prend finalement la parole et dit : « Frères et sœurs, bonsoir… » Un simple salut, qui rappelle les dernières paroles de Benoît XVI, prononcées avant de pénétrer dans le palais papal de Castel Gandolfo pour demeurer « caché pour le monde ».

François poursuit : « Vous savez que le devoir du conclave est de donner un évêque à Rome. Il semble que mes frères cardinaux sont allés le chercher presque au bout du monde. Mais nous voilà ici… Je vous remercie de votre accueil, fait à la communauté diocésaine de Rome, à son évêque : merci ! Et avant toutes choses, je voudrais faire une prière pour notre évêque émérite Benoît XVI. Prions tous ensemble pour lui, pour que le Seigneur le bénisse et que la Sainte Vierge le protège. »

Il ne se définit pas comme pape, mais reconnaît d'abord et avant tout être évêque de Rome, comme l'avait d'ailleurs également fait Jean-Paul II à sa première apparition après l'élection. Le pape est pape parce qu'il est évêque de Rome et non l'inverse, comme semblent parfois l'oublier certains adorateurs de la splendeur de la cour pontificale. Le pape Bergoglio souligne ce lien spécial, particulier, avec l'Église de la Ville éternelle. C'est un évêque qui parle à ses diocésains avant de parler au monde.

Par conséquent, immédiatement après, François invite à prier pour son prédécesseur et récite, de concert avec les fidèles, le *Notre Père*, l'*Ave Maria* et le *Gloire à Dieu*. Il fait prier la foule et lui fait réciter les prières les plus familières de la foi chrétienne.

« Et maintenant, poursuit-il après avoir terminé les trois prières, nous entreprenons ce cheminement, évêque et peuple, ce cheminement de l'Église de Rome, qui est celle qui préside à la charité de toutes les églises. Un cheminement de fraternité, d'amour et de confiance entre nous. Prions toujours pour nous, l'un pour l'autre, prions pour tout le monde, pour qu'on y retrouve une grande fraternité. Je vous souhaite que ce cheminement de l'Église que nous entreprenons aujourd'hui — mon cardinal vicaire ici présent m'y aidera — soit fructueux pour l'évangélisation de cette ville qui est si belle… »

Vient le moment de la bénédiction, la première bénédiction apostolique : le nouveau pape demande au peuple de le bénir. Il demande aux fidèles d'invoquer la bénédiction divine sur le nouvel évêque, à des laïcs, le peuple de Dieu, de prier pour leur nouveau pasteur. Une demande tout à fait inédite.

« Maintenant je voudrais donner la bénédiction, mais je vous demande d'abord une faveur. Avant que l'évêque ne bénisse le peuple, je vous demande de prier le Seigneur pour qu'il me bénisse : la prière du peuple qui demande la bénédiction pour son évêque. Faisons en silence cette prière que vous faites pour moi… » François incline la tête, puis il reprend la parole et dit : « Maintenant je vous donnerai la bénédiction et au monde entier, à tous les hommes et toutes les femmes de bonne volonté. » Il revêt l'étole papale par-dessus l'habit blanc et il prononce la bénédiction en latin en octroyant l'indulgence plénière *urbi et orbi*. Puis, après avoir salué d'un geste de la main, il réclame de nouveau le micro et conclut : « Merci beaucoup pour votre accueil. Priez pour moi. Et à bientôt, nous nous reverrons bientôt. Demain je veux aller prier la Vierge pour qu'elle protège toute la ville de Rome. Bonne nuit et bon repos. »

Après avoir quitté le Palais apostolique pour rentrer à la Maison Sainte-Marthe, le pape se retrouve devant la grande voiture immatriculée « SCV 1 ». Mais François ne la prend pas : « Je monte dans le bus avec les cardinaux… » Il fera de même l'après-midi suivant pour retourner à la chapelle Sixtine et concélébrer la messe avec les cardinaux.

Au dîner, on raconte qu'il y avait une atmosphère de fête, détendue. L'Église avait finalement un nouveau pape. Les cent quatorze « prisonniers » temporaires du conclave avaient choisi le « prisonnier » à vie, celui qui allait rester au Vatican. François, au moment de saluer ses confrères après le repas, les a regardés et a dit : « Que Dieu vous pardonne pour ce que vous avez fait. »

Ce même soir, le nouveau pape téléphone à Benoît XVI, pape émérite. Il appelle également quelques amis romains. Et il envoie immédiatement un message au grand rabbin de Rome, Riccardo di Segni : « Au jour de mon élection comme évêque de Rome et pasteur universel de l'Église catholique, je vous envoie mon salut cordial, et vous annonce que l'inauguration solennelle de mon pontificat aura lieu le mardi 19 mars. Confiant en la protection du Très-Haut, j'espère vivement pouvoir contribuer au progrès que les relations entre juifs et catholiques ont connu à partir du concile Vatican II, dans un esprit de collaboration renouvelée au service du monde qui puisse être de plus en plus en harmonie avec la volonté du Créateur. »

La première journée du pontificat, François l'a débutée comme à son habitude, avec un réveil très matinal et une longue prière devant le tabernacle. Puis, comme il l'avait annoncé la veille au soir, il est allé prier la Vierge pour qu'elle garde et protège le diocèse de Rome ; un peu avant 8 heures, il s'est rendu à la basilique Sainte-Marie-Majeure pour une visite privée. Dans une grande chapelle de la nef de gauche de la plus ancienne église dédiée à la Sainte Vierge se trouve l'icône de la *Salus Populi Romani*. Le nouveau pape y est entré en tenant un bouquet de fleurs et s'est arrêté en prière devant l'image mariale. Il s'est ensuite rendu à l'autel, sous lequel est conservée une relique de la crèche de la Nativité. Puis il est allé dans une chapelle qui s'appelle elle aussi Sixtine, où se trouve l'autel sur lequel saint Ignace de Loyola a célébré, une nuit de Noël, sa première messe : un lieu très symbolique pour les jésuites. François a ensuite prié sur la tombe de saint Pie V, le pape de la bataille de Lépante et de la messe de l'ancien rite, qui a instauré la tradition de la couleur blanche pour les vêtements du pontife parce qu'il voulait conserver son habit de dominicain.

Après la prière, François a rencontré le personnel, les cardinaux présents et les confesseurs dominicains. « Miséricorde, miséricorde, miséricorde... » : telle est l'exhortation qu'il leur a faite en les saluant un par un. « Vous êtes les confesseurs et par conséquent soyez miséricordieux pour les âmes. Elles en ont besoin », a-t-il ajouté.

Le nouveau pape est arrivé avec une voiture de la Gendarmerie vaticane, et non la berline papale, accompagné d'une escorte réduite au minimum. Le soir de l'élection, il avait voulu parler avec le directeur de la *Domus Sacerdotalis Paulus VI,* la maison du clergé située au 70 de la via della Scrofa à Rome, où il avait logé pendant les congrégations générales précédant le conclave. Il avait prévenu le directeur qu'il passerait pour prendre sa valise et ses effets personnels, et payer la note. Et il en fut ainsi. François est arrivé dans l'ancien palais à deux pas de la place Navona accompagné du préfet de la Maison pontificale, Georg Gänswein, et devant les visages affolés qui semblaient lui dire : « Sainteté, vous plaisantez, vous ne voulez tout de même pas payer ? », il a fait comprendre : « Justement parce que je suis le pape, je dois donner l'exemple. »

Puis il est monté lui-même à sa chambre pour prendre ses effets personnels et il a fait, seul, sa valise, comme il avait l'habitude de faire à chaque voyage. Car l'évêque Jorge Mario Bergoglio n'a jamais eu de secrétaire. Le pape qui refuse la grosse voiture et l'escorte, qui préfère voyager avec ses « frères cardinaux », qui ne se laisse pas imposer les vêtements bordés d'hermine, qui n'accepte pas d'être révéré au point qu'on lui interdise de faire seul sa valise et de payer la note de la maison du clergé, comme tout autre visiteur : tant de petits signes devenus grands ! Le monde d'aujourd'hui réclame de l'Église qu'elle témoigne de l'Évangile par des actes plus que des paroles. Et ce devrait être normal pour un chrétien de se comporter avec sobriété et simplicité. Certaines exhibitions d'une Église triomphante ont peut-être eu un sens dans le passé mais aujourd'hui, assurément, elles apparaissent hors du temps et de la sensibilité commune. Et dans certains cas elles risquent même d'offrir un contre-témoignage. Au lieu de rapprocher, elles éloignent, tandis que le pape François, en restant lui-même, séduit : les réactions extraordinaires, dans le monde entier, de tant de gens frappés par son caractère ordinaire et sa simplicité en sont la preuve.

« Assurément, ce pape posera à la sécurité vaticane certains problèmes inédits », a commenté le père jésuite Federico Lombardi, directeur de la salle de presse du Vatican, qui s'est toutefois empressé d'ajouter : « Mais les responsables de la sécurité sont au service du Saint-Père et savent qu'ils doivent s'adapter à son style pastoral. »

Il n'appartient pas au pape de devoir s'adapter à certaines démonstrations qui, au nom de la sécurité, ont manqué d'emprisonner Benoît XVI pendant les dernières années de son pontificat. C'est à l'entourage qu'il revient de s'adapter au style du pontife. Un pontife qui est évêque de Rome et qui entend établir un rapport particulier avec sa ville et son diocèse.

II

Quand un pape démissionne pour cause de vieillesse

Jorge Mario Bergoglio, François, est le premier pape dans l'histoire de l'Église à être élu successeur d'un pontife démissionnaire pour raison de vieillesse. Les événements qui ont amené un évêque jésuite latino-américain sur le siège de Pierre commencent un lundi matin comme tant d'autres, le 11 février 2013. Ce jour-là, Benoît XVI doit présider à 11 heures, dans la salle du Consistoire, un consistoire public pour la canonisation de plusieurs bienheureux : Antonio Primaldo et ses compagnons († 1480), martyrs d'Otrante ; Laura di Santa Caterina da Siena Montoya y Upegui (1874-1949), vierge, fondatrice de la Congrégation des sœurs missionnaires de la bienheureuse Vierge Marie Immaculée et de sainte Catherine de Sienne ; Maria Guadalupe García Zavala (1878-1963), cofondatrice de la Congrégation des servantes de sainte Marguerite-Marie et des pauvres. Le pape a décrété leur inscription « dans le registre des saints du dimanche 12 mai 2013 ».

Benoît XVI ne s'est toutefois pas arrêté là. Il a poursuivi en lisant une brève déclaration en latin qui portait sa signature et la date du jour précédent, et dans laquelle il annonçait sa décision de renoncer au pontificat pour des raisons d'âge et informait que le siège de Pierre serait vacant à compter du 28 février à 20 heures. Ce texte avait été remis aux traducteurs de la Secrétairerie d'État seulement à l'aube de ce lundi, après qu'on leur avait fait jurer de garder le secret.

D'une voie faible et brisée par l'émotion, le pape Ratzinger dit : « *Conscientia mea iterum atque iterum coram Deo explorata ad cognitionem certam perveni vires meas ingravescente aetate non iam aptas esse ad munus Petrinum aeque administrandum…* »

« Très chers Frères », dit le pape devant les cardinaux stupéfaits et nullement préparés à ce qui allait se passer, « je vous ai convoqués à ce consistoire non seulement pour les trois canonisations, mais aussi pour vous communiquer une décision d'importance majeure pour la vie de l'Église. Après avoir maintes fois examiné ma conscience devant Dieu, je suis parvenu à la certitude que mes forces, étant donné mon âge avancé, ne me permettent plus d'exercer le ministère pétrinien convenablement. »

« Je suis bien conscient », ajoute Benoît XVI, « que ce ministère, en raison de son essence spirituelle, doit être accompli non seulement par les œuvres et les paroles, mais tout autant dans la souffrance et la prière. Cependant, dans le monde d'aujourd'hui, sujet à des changements rapides et troublé par des questions de grande importance pour la vie de la foi, pour le Gouvernement de la barque de saint Pierre et pour l'annonce de l'Évangile, la vigueur du corps aussi bien que de l'âme est, elle aussi, nécessaire — une vigueur qui, ces dernier mois, a diminué en moi à un point tel que je dois reconnaître mon incapacité de bien administrer le ministère qui m'a été confié. »

« C'est pourquoi, » continue le pontife, « bien conscient de la gravité de cet acte et en toute liberté, je déclare renoncer au ministère d'évêque de Rome, successeur de saint Pierre, qui m'a été confié par les cardinaux le 19 avril 2005, de telle sorte que, à partir du 28 février 2013 à 20 heures, le siège de Rome, le siège de saint Pierre, sera vacant, et que le conclave pour l'élection du nouveau souverain pontife devra être convoqué par ceux dont c'est la responsabilité. »

Le pape conclut en remerciant les cardinaux « de tout cœur pour l'amour et pour le travail avec lesquels vous avez porté avec moi le poids de mon ministère, et je demande pardon pour toutes mes déficiences ». Il assure qu'à l'avenir il continuera de « servir de tout cœur la Sainte Église de Dieu, par une vie dédiée à la prière ».

Tout cela tient en vingt-deux lignes à peine en latin. Vingt-deux lignes appelées à changer l'histoire de l'Église. Aussitôt après les avoir lues, Benoît XVI reçoit l'accolade du doyen du collège des cardinaux, Angelo Sodano. Puis d'un pas incertain, en silence, entouré des prélats de la Maison pontificale, le visage grave, Ratzinger rentre dans l'appartement papal, où il demeurera encore pendant dix-sept jours. Là, à l'abri des regards indiscrets, il ne peut retenir l'émotion qui le submerge. Des larmes viennent rider son visage de pape âgé et fatigué. Le visage du premier pape démissionnaire depuis six siècles.

Benoît XVI laisse donc le pontificat sur une annonce sans précédent. Son choix, qui aura de fortes répercussions, s'est fait dans la solitude. Un choix mûri depuis un bon moment et fixé au retour de son voyage au Mexique et à Cuba en mars 2012, comme l'écrira le directeur de *L'Osservatore Romano*, Gian Maria Vian. Lors de ce déplacement où il avait reçu un accueil extrêmement chaleureux, le pape avait glissé durant la nuit et s'était blessé à la tête.

Joseph Ratzinger méditait sa décision depuis longtemps. Il en avait lui-même parlé en 2010, en réponse à une question de l'ami journaliste Peter Seewald : « Quand un pape en vient à reconnaître en toute clarté que physiquement, psychiquement et spirituellement il ne peut plus assumer la charge de son ministère, alors il a le droit et, selon les circonstances, le devoir de se retirer[1]. » Ratzinger avait

1. Benoît XVI, *Lumière du monde*, entretien avec Peter Seewald, Montrouge, Bayard, 2011, p. 51.

vécu de près le calvaire de son prédécesseur, miné par la maladie, et avait déjà alors laissé entendre qu'il ne souhaiterait pas que cette expérience se répète. Il ne voulait pas devoir être un jour « géré » par son entourage.

En octobre 2002, alors qu'il était encore cardinal, il avait reçu de Mgr Pasquale Macchi une copie de la lettre par laquelle Paul VI donnait des directives aux cardinaux en cas d'incapacité prolongée et les invitait à convoquer le conclave. « Voilà une chose très sage que chaque pape devrait faire », avait commenté Ratzinger en prenant connaissance de ce document. Mais l'hypothèse de Paul VI concernait une incapacité grave, invalidante, comme la maladie de Parkinson à la fin du règne de Jean-Paul II. Rien de tout cela, en revanche, ne s'est produit pour Benoît XVI, qui souffre d'arthrose et d'une certaine faiblesse cardiaque.

« Le pape n'est pas déprimé et aucune maladie n'est en cause », a répété le porte-parole Federico Lombardi. « Il n'y a aucun signe de déclin » a réitéré le médecin du pape, Patrizio Polisca, en faisant discrètement référence à ses facultés intellectuelles, qui demeuraient intactes, comme le pape en avait fait la démonstration quelques jours plus tôt avec la méditation qu'il avait livrée aux séminaristes romains sans recourir à aucune note.

Alors, que s'est-il passé ? Pourquoi Ratzinger, peu avant son quatre-vingt-sixième anniversaire, est-il arrivé à cette décision, en sachant très bien qu'elle allait provoquer un tremblement de terre à l'intérieur et à l'extérieur de l'Église ? « Me voir soudain confronté à cette énorme tâche », avait-il dit dans l'entretien avec Peter Seewald, en parlant de l'élection, « a été pour moi un choc, tout le monde le sait. C'est effectivement une gigantesque responsabilité. [...] Oui, la pensée de la guillotine m'est venue : maintenant le couperet tombe et c'est sur toi qu'il tombe[1]. »

Le pontificat de Ratzinger a été difficile. Il s'est déroulé telle une course d'obstacles, une *Via Crucis*. Attaques, crises, scandales, comme celui, dévastateur, de la pédophilie, que le pape a affronté avec une détermination jamais vue jusque-là, mais aussi tensions dans la gouvernance de la Curie, factions, luttes intestines. Les difficultés et les résistances se sont multipliées, certains projets lancés par le pontife ont échoué — de la « réforme de la réforme » liturgique à la paix avec les lefèbvristes et jusqu'au dialogue œcuménique. L'affaire Vatileaks a mis en lumière une réalité désolante, qu'on ne peut assurément réduire à la seule trahison du majordome Paolo Gabriele, comme ont pu le confirmer les trois anciens et fidèles cardinaux Julián Herranz, Jozef Tomko et Salvatore De Giorgi, auxquels le pape Ratzinger avait confié l'enquête interne, dont les

1. *Ibid.*, p. 19.

résultats n'ont même pas été communiqués aux cardinaux avant le conclave. Le dossier a été transmis directement au nouveau pape François.

Maintes fois ces dernières années Benoît XVI a été contraint d'intervenir directement pour protéger ses collaborateurs, alors que dans la tradition pluriséculaire de l'Église, c'était toujours l'inverse qui se produisait. Les difficultés étaient devenues trop lourdes, et la charge du pontificat, insupportable.

Deux décisions prises lors des derniers mois du pontificat se comprennent mieux après l'annonce surprise de la renonciation : le petit consistoire en novembre 2012 par lequel le pape a « corrigé », en nommant six nouveaux cardinaux de différents continents, la précédente création de cardinaux, en février de la même année, trop curiale et trop italienne ; et la nomination comme évêque et préfet de la Maison pontificale de son secrétaire Georg Gänswein, que le pape a voulu protéger en vue de sa démission imminente. L'archevêque Gänswein remplit désormais la double et inédite charge de secrétaire particulier du pape émérite et de préfet de la Maison pontificale du pape régnant.

L'annonce de Benoît XVI a pris presque tout le monde par surprise. Seuls le cardinal doyen Angelo Sodano et le secrétaire d'État Tarcisio Bertone avaient été discrètement prévenus. Le pape ne les avait pas consultés mais les avait tout simplement informés de cette décision prise « devant Dieu ».

Pour présenter sa renonciation, Benoît XVI a attendu une période de calme relatif, après la tourmente des Vatileaks. Un geste de liberté et d'humilité qu'il a accompli en demandant « pardon pour toutes ses déficiences », mais qui laisse au successeur une tâche qui ne sera pas facile. Un geste qui contribue, d'une certaine manière, à ramener même la papauté à une dimension de « normalité » épiscopale, avec un évêque de Rome émérite qui se retire dans un appartement à l'intérieur du Vatican, pour vivre en prière « caché pour le monde ». À l'intérieur de ces murs logeront désormais — du jamais vu — le nouveau pontife et son prédécesseur.

Quand le 24 avril 2005, durant la messe solennelle d'inauguration de son pontificat, Benoît XVI avait demandé aux fidèles de prier « pour que je ne m'enfuie pas, par peur, devant les loups », personne ne pouvait imaginer que la papauté serait pour lui un chemin de croix qui prendrait fin avec le geste spectaculaire de la démission.

Élu lors d'un conclave éclair qui a duré moins d'un jour, Joseph Ratzinger, âgé de 77 ans, avait dès le début énoncé clairement que son style serait — en raison de son âge et de sa formation — différent de celui de son prédécesseur. Le nouveau pape n'avait pas voulu présenter de « programme de gouvernement », parce que « mon véritable programme de gouvernement consiste non pas à faire selon ma volonté, à poursuivre mes idées, mais bien à me mettre à l'écoute, avec l'Église dans son ensemble, de la parole et de la volonté du Seigneur et de me laisser guider par lui, de telle sorte que ce soit Lui-même qui guide l'Église en cette heure de notre histoire ».

Maladroit et timide au début, Ratzinger avait rapidement revêtu les habits du pape itinérant, en commençant par la Journée mondiale de la jeunesse à Cologne en août 2005, une des inventions de son dynamique prédécesseur. Ce fut le premier grand bain de foule, le premier test, bien réussi grâce à des messages efficaces et à des images fortes, comme celle qui comparait la transformation du pain et du vin en corps et sang du Christ à la fission nucléaire. Initialement réservé dans ses gestes, Benoît XVI a donné le meilleur de lui-même dans des discours improvisés. Ce fut le cas, par exemple, lors de la rencontre avec les premiers communiants sur la place Saint-Pierre, le 15 octobre 2005, quand le pape s'est laissé interviewer par eux et qu'il a répondu à une question sur Jésus présent mais non visible dans l'eucharistie : « Nous ne voyons pas le courant électrique, et pourtant il rend possible le fonctionnement de ce microphone… Il y a tant de choses que nous ne voyons pas, mais qui existent et sont essentielles ! »

On imaginait qu'étant donné son âge, le nouveau pape allait peu voyager. Or, au contraire, Ratzinger s'est mis à suivre la voie de son prédécesseur. Comme avec son voyage en Pologne en mai 2006, qui s'est conclu par la visite à Auschwitz : « Prendre la parole dans ce lieu d'horreur, de prolifération de crimes contre Dieu et contre l'homme qui n'a aucun équivalent dans l'histoire, est quasi impossible — dit-il — et c'est particulièrement difficile et oppressant pour un chrétien, pour un pape originaire d'Allemagne. En un lieu comme celui-ci, les paroles se font rares : au fond, il ne peut rester qu'un silence consterné — un silence qui est un cri intérieur vers Dieu : "Pourquoi, Seigneur, es-tu resté muet ? Comment as-tu pu tolérer tout cela ?" »

L'année 2006 est aussi l'année du premier incident international. Ratzinger aime parler du rapport entre foi et raison, et durant le voyage en Bavière, il reprend ses habits de professeur. À la suite d'une conférence qu'il donne dans son ancienne université, à Ratisbonne, une citation ancienne de Mahomet — que le pontife n'avait pas fait sienne — est relancée dans le monde entier et provoque la protestation du monde islamique. À partir de ce moment, Benoît XVI multipliera les signes d'attention envers les musulmans, et réaffirmera l'amitié et le respect envers l'islam.

Même si, alors qu'il était cardinal, il était souvent étiqueté comme « *panzerkardinal* », comme l'âme conservatrice de Wojtyla, Ratzinger le pape parle sans arrêt de la « joie d'être chrétien » et consacre sa première encyclique, *Deus caritas est*, à l'amour de Dieu. « À l'origine de l'être chrétien — écrit-il — il n'y a pas une décision éthique ou une grande idée, mais plutôt la rencontre avec un avènement, avec une Personne, qui donne à la vie un nouvel horizon et du même coup son orientation définitive. »

Le pape théologien, avant de devenir le successeur de Jean-Paul II, rêvait de pouvoir se retirer, de laisser son travail au sein de la Curie romaine pour écrire un livre sur Jésus de Nazareth. C'est ainsi que, malgré sa nouvelle charge, Ratzinger consacre chaque moment libre, et surtout ses vacances, à l'écriture de cette œuvre en trois tomes, publiés en 2007, 2011 et 2012. À ces trois ouvrages, il faut ajouter le livre d'entretiens avec Peter Seewald, *Lumière du monde*, le meilleur texte qui soit pour connaître véritablement Joseph Ratzinger.

Benoît XVI fait face à des voyages difficiles, il est confronté à la sécularisation galopante des sociétés déchristianisées et à la dissension interne à l'Église. En 2008, il célèbre son anniversaire à la Maison Blanche avec George Bush et quelques jours après, le 20 avril, il prie à Ground Zero et embrasse les parents des victimes des attentats du 11 septembre.

En janvier 2009, une nouvelle crise éclate quand le pape décide de révoquer l'excommunication de quatre évêques lefèbvristes. Parmi eux, se trouve Richard Williamson qui, dans un entretien à la télévision quelques mois auparavant, avait nié l'existence des chambres à gaz. Les polémiques font rage dans le monde juif. Le pape se sent seul et, face à l'évidente débâcle de la machine curiale, il écrit aux évêques du monde entier, en assumant toute la responsabilité. Il fut un temps où les collaborateurs de la Curie servaient de bouclier au pape. Avec Ratzinger, c'est exactement l'inverse qui se passe.

Un an plus tard, c'est le scandale de la pédophilie qui explose de nouveau : des documents sur des cas anciens et étouffés, aux États-Unis et en Allemagne, sont publiés. Certains voudraient traduire le pontife devant un tribunal pour qu'il réponde des crimes commis par les prêtres. Benoît XVI affronte la crise avec franchise, sans rien minimiser : il modifie les règles et demande à la Curie et aux évêques du monde entier de changer de mentalité. À chaque voyage, il rencontre des victimes des prêtres pédophiles et, durant un vol vers le Portugal en mai 2010, il va jusqu'à dire que la persécution la plus grave pour l'Église ne provient pas de ses ennemis extérieurs, mais du péché à l'intérieur de l'Église.

Certaines de ses initiatives d'ouverture et de réconciliation pour l'unité de l'Église sont incomprises et n'obtiennent pas de réponses positives, comme la décision de libéraliser l'ancienne messe préconciliaire et d'engager un dialogue avec les lefèbvristes. La dernière année est marquée par la fuite de documents confidentiels, les Vatileaks, qui fait émerger des tensions internes au Vatican et des dénonciations d'affaires de corruption. Benoît XVI se montre serein, il défend avec acharnement ses collaborateurs, en premier lieu le cardinal secrétaire d'État Tarcisio Bertone, qui fait l'objet d'attaques de plus en plus fréquentes. Il autorise le procès contre son majordome Paolo Gabriele, reconnu coupable d'avoir copié et diffusé les documents. Plus tard cependant, avant Noël, il va le rencontrer en prison et le gracie. Bien qu'il ait commencé à célébrer l'Année de la Foi pour le cinquantième anniversaire de l'ouverture du concile Vatican II, le pape, qui a pour priorité l'annonce de l'Évangile dans ce qu'il a d'essentiel, se retire pour cause de fatigue. Non sans avoir mis le successeur de Pierre sur Twitter, comme se doit de le faire un ami de la modernité.

La renonciation à la papauté est un fait rarissime dans l'histoire de l'Église. Les évêques de Rome qui ont abandonné leur charge sont peu nombreux, et jusqu'en 2013, aucun d'eux ne l'avait fait pour des raisons d'âge et de santé. Par conséquent, aucun des cas précédents ne peut être comparé à ce qui s'est passé avec Benoît XVI. Aux premiers pas de l'Église, nous trouvons le cas du pape

Clément, troisième successeur de Pierre après Lin et Anaclet, autour de l'an 92. Selon la tradition, ce pape serait l'auteur d'une lettre dans laquelle il exhorte les plus généreux à s'éloigner plutôt que de susciter divisions et discordes. Paroles qui annoncent la décision de celui qui les a écrites.

Le premier cas avéré est cependant celui de Pontien, dix-huitième évêque de Rome, élu en l'an 230 environ. Cinq ans plus tard, il est déporté en Sardaigne et condamné aux travaux forcés dans une mine. Il renonce à la charge le 28 septembre 235, reprise par son successeur, Antère.

Trois siècles doivent encore s'écouler jusqu'au pape Silvère, fils du pape Hormisdas, sous-diacre de l'Église de Rome. Mis sur le Siège en 536 par le roi Théodat, il s'est consacré à la lutte contre les monophysites. C'est justement cette action qui inquiéta l'impératrice Théodora, qui le fit déposer et déporter dans l'île de Palmarola.

Quelques siècles ont passé, et nous voilà avec Benoît IX, qui a régné d'octobre 1031 à septembre 1044. Expression de « mondanisation absolue et d'instrumentalisation du pouvoir papal », comme l'a écrit *L'Osservatore Romano*, il fut contraint à la démission par une révolte populaire. Il réussit à déposer son successeur Silvère III et retourna sur le trône pour quelques semaines en 1045, avant de céder de nouveau son poste, cette fois à Grégoire VI. Il revint une troisième fois sur le trône, après la mort subite de Clément II, en octobre 1047, mais fut finalement démis par Henri II. Il n'en continua pas moins de se considérer comme le véritable pape en charge.

On arrive alors au grand précédent des démissions, celle de Célestin V, le moine ermite Pietro da Morrone, un saint canonisé. Il fut élu pape en août 1294, couronné à L'Aquila, et se retira ensuite à Naples. Il remit sa démission le 13 décembre de cette même année.

Puis vient Angelo Correr, fils du patricien de Venise Niccolò di Pietro, le dernier pape à laisser le trône avant Benoît XVI. Élu en 1406, il régna jusqu'en 1415 sous le nom de Grégoire XII avant de donner sa démission à la demande du concile de Constance pendant une des périodes les plus complexes de l'histoire de l'Église, caractérisée par des années de querelles juridiques et de lutte armée et diplomatique. Il dut affronter les antipapes Benoît XIII, élu par la faction avignonnaise, et Jean XXIII — dont le nom sera repris par Angelo Roncalli en octobre 1958 — durant le schisme d'Occident. Après être redevenu Angelo Correr, l'ex-pape a vécu à Recanati, où il est mort le 18 octobre 1417.

La question de la démission est réapparue au siècle dernier. Les progrès de la médecine ont sensiblement augmenté l'espérance de vie, et depuis Pie XII la tâche même du successeur de Pierre s'est alourdie de tant de devoirs et fonctions qu'elle est devenue difficile à exécuter pour une personne qui n'est pas en pleine possession de ses moyens physiques et intellectuels. Il semble que Pie XI, Achille Ratti dans le civil, pape de 1922 à 1939, ait réfléchi dans les dernières années de sa vie à l'éventualité de ce geste. En revanche, il est certain que son successeur, Eugenio Pacelli, le pape Pie XII, a considéré la chose à deux reprises. Élu à la veille du déclenchement de la Seconde Guerre mondiale, le pape eut vent d'un projet d'Adolf Hitler, qui voulait l'enlever et le déporter hors d'Italie. Pie XII fit savoir à son entourage que, devant cette menace concrète de la part des Allemands, ils « auraient enlevé le cardinal Pacelli, mais non le pape », comme en témoigna le cardinal Domenico Tardini, son étroit collaborateur à l'époque à la Secrétairerie d'État. Pie XII a écrit une lettre de démission et l'a fait parvenir au cardinal Manuel Gonçalves Cerejeira, patriarche de Lisbonne, qui avait été créé cardinal en même temps que lui lors du consistoire de décembre 1929. Le choix n'était pas fortuit : le Portugal était un pays neutre et n'était pas impliqué dans la guerre. En cas de déportation du pape, les cardinaux auraient été libres de se réunir et d'élire un nouveau pontife. Ce document a été détruit à la fin de la guerre. Pie XII frôla de nouveau la démission quelques années plus tard, en 1954, lorsqu'il fut frappé par la maladie. Mais il s'en remit et l'idée fut abandonnée.

La pensée d'une démission a aussi effleuré son successeur, le bienheureux Jean XXIII. Son secrétaire, Mgr Loris Capovilla, a fait cette révélation : « Le souvenir s'est nettement gravé dans ma mémoire d'une conversation avec l'évêque Alfredo Cavagna, confesseur et conseiller de Jean XXIII, un vendredi après-midi du carême 1963, dont je n'ai pas fixé le contenu sur papier sur-le-champ. Mgr Cavagna sort de la chambre du pape après avoir entendu sa confession et s'être longuement entretenu avec lui des règles du Concile. Il me fait appeler dans le salon et, sans préambule, supposant que j'en savais quelque chose, il me dit que le pape ne peut pas démissionner… Il est évident que lors de la conversation, Jean XXIII devait s'être déclaré prêt à renoncer à la papauté, étant donné son état de santé et l'énorme travail à venir pour la poursuite du Concile. »

La question se pose de nouveau avec Paul VI. « Il était préoccupé — selon ce qu'a raconté le père jésuite Dezza, son confesseur — à l'idée d'une infirmité qui le rendrait inapte au travail et du tort que cela causerait à l'Église. » Le pape Montini a pensé sérieusement, et plusieurs fois, à l'éventualité de donner sa démission. Il s'est empressé de rédiger une lettre de deux pages, écrite de sa main, dans laquelle il invitait les cardinaux à convoquer le conclave en cas d'inaptitude prolongée de sa part et d'incapacité à faire connaître sa démission au moment opportun. En outre, Paul VI a sérieusement envisagé de laisser le pontificat lorsqu'il atteindrait l'âge de 80 ans, lui qui avait établi cette limite d'âge pour les cardinaux électeurs au conclave. Sa décision était prise comme semble révéler la lecture du petit consistoire de 1977 — au cours duquel Giovanni Benelli et Joseph Ratzinger ont reçu ensemble la pourpre cardinalice. Puis, plus tard, il a changé d'avis et décidé de rester à son poste.

Encore plus récemment, le problème s'est posé avec la longue et invalidante maladie de Jean-Paul II. Le bienheureux Karol Wojtyla a discuté plusieurs fois avec ses collaborateurs de la possibilité de démissionner. Le cardinal espagnol Julián Herranz, canoniste du clergé de l'Opus Dei, a révélé avoir été interpellé à la fin du pontificat de Wojtyla à propos de la question de la démission. Et dans son livre, il évoque une note personnelle qu'il a rédigée le 17 décembre 2004, « après une conversation » avec l'archevêque Stanislaw Dziwisz, à l'époque secrétaire du pape et maintenant cardinal de Cracovie. On y lit : « Quant à l'éventualité de renoncer pour raisons de santé, j'ai écrit dans cette note qu'il semble maintenant opportun de révéler, à titre d'exemple de l'obéissance et de la prudence héroïques de Jean-Paul II : "Il [don Stanislaw] s'est contenté d'expliquer que le pape — qui personnellement est très détaché de la charge — vit dans l'abandon à la volonté de Dieu". Il s'en remet à la divine Providence. En outre, il craint de créer un dangereux précédent pour ses successeurs, car on pourrait chercher à manœuvrer dans le but de le déposer. »

La démission de Benoît XVI ouvre donc une phase inédite. Comment s'appellera-t-il ? Que fera-t-il ? Redeviendra-t-il un simple évêque ? Les canonistes de diverses écoles de pensée croient qu'il devrait être appelé « ex-évêque de Rome » ou « ex-pape » et qu'il ne devrait plus revêtir les vêtements blancs du pape mais les vêtements épiscopaux, et non cardinalices, car dès son élection, un pontife sort du collège cardinalice. Mais padre Federico Lombardi, porte-parole du Vatican, citant Mgr Gänswein, a annoncé la décision de Ratzinger : il sera nommé « pape émérite », il continuera à porter une simple tunique blanche (mais sans la pèlerine) et il conservera le nom de « Sa Sainteté Benoît XVI ».

Mercredi 27 février, sur une place Saint-Pierre inondée de soleil, le pape, à la veille de la renonciation, tient sa dernière audience générale. La foule est très nombreuse. Des pèlerins des quatre coins de l'Italie et du monde, venus saluer l'évêque de Rome qui laisse le pontificat pour entrer en clôture. Le dernier discours de Benoît XVI sur la place Saint-Pierre est un hymne à l'espérance, à la confiance en Dieu. L'image en quelque sorte de son successeur qui deux semaines plus tard allait apparaître à la loggia centrale. Un texte à lire et à relire avec attention et profondeur. Un

« résumé » de la pensée de Joseph Ratzinger, « l'humble travailleur de la vigne du Seigneur ».

« Je vois l'Église vivante ! L'Église n'est pas à moi, elle n'est pas à nous, mais elle est l'Église du Seigneur, qui ne la laisse pas sombrer ; c'est Lui qui la guide... » Un testament spirituel et une leçon pour les cardinaux qui devront élire le nouveau pape. Avec sérénité et détermination, Benoît XVI, toujours plus diminué et fragile, conclut ses quelque huit ans de règne en montrant, malgré tout, le visage joyeux et positif d'une Église du peuple. Il ne fait pas de bilans, mais il indique par des exemples à son successeur ce qu'est et ce que doit faire le pape, au moyen d'une catéchèse simple. À des années-lumière des jeux de pouvoir du clergé, des factions, des stratégies théoriques de politique ecclésiale, des scandales, des messages autoréférentiels, de l'image d'une Église baroque et repliée sur la contemplation d'elle-même. Un message que la foule des pèlerins, venue le saluer pour la dernière fois, comprend très bien et écoute avec émotion.

Dans le discours de Benoît XVI, il y a avant tout de la gratitude pour les « nouvelles » qu'il a reçues au fil des ans de toutes les parties du monde au sujet de la foi et de la charité qui « circulent dans le corps de l'Église ». Le pape, qui apparaît encore une fois absolument serein et apaisé après la décision qu'il a prise, décrit son pontificat qui n'a pas été facile en notant : « Ce fut une portion du

C'est toi qui as créé mes reins,
qui m'as tissé dans le sein de ma mère.
Je reconnais devant toi le prodige,
 l'être étonnant que je suis : *
étonnantes sont tes œuvres,
 toute mon âme le sait. mon âme le sait

Mes os n'étaient pas cachés pour toi *
quand j'étais façonné dans le secret,
 modelé aux entrailles de la terre.

J'étais encore inachevé, tu me voyais ; * tu me voyais
sur ton livre, tous mes jours étaient inscrits,
 recensés avant qu'un seul ne soit !

Que tes pensées sont pour moi difficiles,
Dieu, que leur somme est imposante !
Je les compte : plus nombreuses que le sable !
Je m'éveille : je suis encore avec toi. je suis avec toi

Scrute-moi, mon Dieu, tu sauras ma pensée ;
éprouve-moi, tu connaîtras mon cœur,
Vois si je prends le chemin des idoles, vois
et conduis-moi sur le chemin d'éternité. conduis-moi

Gloire au Père, et au Fils, et au Saint-Esprit,
pour les siècles des siècles. Amen.

Révèle-toi, Seigneur, aux hommes de ce temps quand ils t'accusent de les empêcher de vivre. Que les merveilles de la science leur disent les merveilles de ta puissance ! Fais comprendre à tous ceux qui te fuient que leur bonheur est de se fuir en toi. Garde-nous au couvert de tes mains, pour que ta main agisse par les nôtres. Explique-nous notre cœur et le tien, et l'étonnante image de toi que nous sommes. Donne-nous la fierté de n'exister que par toi, pour que notre existence te rende grâce dans le Christ.

Prière du soir

Acclamons le Seigneur ressuscité d'entre les morts,
alléluia !

Gloire au Père, et au Fils, et au Saint-Esprit,
au Dieu qui est, qui était, et qui vient,
pour les siècles des siècles. Amen. Alléluia.

TROPAIRE

Le Berger a été frappé ; Stance
les brebis ont été dispersées dans les ténèbres,
mais le Dieu de la paix
a ramené des morts le grand Pasteur du troupeau.
Reconnaissons sa voix :
« Venez, les bénis de mon Père ! »

℟ Conduis-nous, Seigneur, aux sources de la vie.

Heureux le peuple dont le Seigneur est Dieu,
la nation qu'il s'est choisie en héritage.

Le Seigneur a les yeux sur ses fidèles,
sur ceux qui espèrent en son amour.

Notre âme attend le Seigneur,
notre secours et bouclier, c'est lui.

Sur nous, Seigneur, soit ton amour,
ainsi qu'en toi fut notre espoir.

PSAUME 138 (II) Conduis-moi sur le chemin d'éternité

Devant nous, la nuit devient lumière lorsque, humblement, nous marchons selon le projet de Dieu à la suite du Christ ressuscité.

J'avais dit : « Les ténèbres m'écrasent ! »
mais la nuit devient lumière autour de moi.
Même la ténèbre pour toi n'est pas ténèbre,
et la nuit comme le jour est lumière !

cheminement de l'Église qui a connu des moments de joie et de lumière, mais aussi des moments difficiles. » Une allusion explicite aux incidents de parcours, aux scandales et aux attaques qui ont accompagné ces huit années. Pour les raconter, Ratzinger rappelle le passage évangélique qui décrit la barque des apôtres en proie à la tempête : « Je me suis senti comme saint Pierre avec les apôtres dans la barque sur le lac de Galilée… Il y a eu des moments où les eaux étaient agitées et le vent contraire, comme tout au long de l'histoire de l'Église, et le Seigneur semblait dormir. Mais j'ai toujours su que le Seigneur est là dans cette barque, et j'ai toujours su que la barque de l'Église n'est pas la mienne ni la nôtre, mais la sienne. Et le Seigneur ne la laisse pas sombrer… »

On se rappelle une autre image de la barque, au cœur de la dernière homélie de Ratzinger cardinal, durant la messe d'ouverture du conclave de 2005. Il parla alors de la « petite barque » de la pensée d'un bon nombre de chrétiens, secouée par une tornade de « -ismes », de l'athéisme à l'agnosticisme. Maintenant, au moment de la renonciation, le pape ne suit pas les « prophètes de malheur ». Il ne donne aucun signe de pessimisme. Au contraire, il invite tous et toutes « à se remettre comme des enfants dans les bras de Dieu, avec l'assurance que ces bras nous soutiennent toujours et sont ce qui nous permet de cheminer tous les jours, même dans la difficulté ». Puis il ajoute : « Je voudrais que chacun de vous se sente aimé de ce Dieu qui nous a montré son amour infini. Je voudrais que chacun ressente la joie d'être chrétien. » Un regard positif, donc, et de miséricorde.

Benoît XVI pense aussi à remercier les cardinaux, son secrétaire d'État, ses collaborateurs. Il ne veut pas cautionner la lecture de tous ceux qui croient que les indéniables tensions à la Curie sont à l'origine de sa renonciation. Il parle ensuite des lettre reçues de tant de « personnes simples » qui « ne m'écrivent pas comme on écrit par exemple à un prince ou à un grand personnage qu'on ne connaît pas », mais « comme frères et sœurs ou comme fils et filles ». On peut ici « toucher du doigt ce qu'est l'Église — non pas une organisation, une association pour des fins religieuses ou humanitaires, mais un corps vivant, une communion de frères et de sœurs ». Des paroles que les fidèles du monde entier vont bientôt entendre à nouveau de la bouche de son successeur, François.

Dans la partie de son discours consacrée à sa renonciation, Benoît XVI confirme avoir « demandé à Dieu avec insistance », en voyant ses forces diminuer, d'être éclairé pour prendre « la décision la plus juste non pour mon bien mais pour le bien de l'Église ». Il explique avoir fait ce pas « dans la pleine conscience de sa gravité et de sa nouveauté, mais avec une profonde sérénité d'esprit ». Cette sérénité qui, par ailleurs, transparaît sur son visage lors de ces ultimes apparitions publiques. « Aimer l'Église — explique-t-il — signifie aussi avoir le courage de faire des choix difficiles, tourmentés, en faisant toujours primer le bien de l'Église et non le nôtre. »

Enfin, Ratzinger rappelle que celui qui devient pape n'a plus aucune vie privée : « Il appartient toujours et totalement à tous. » La renonciation ne veut pas dire « retourner à la vie privée », reprendre ce qu'on faisait avant de devenir pape. Elle veut dire demeurer « dans le service de la prière », « dans l'enceinte de Saint-Pierre ». « Je n'abandonne pas la croix », conclut-il, pour répondre à tous ceux qui ont commenté son geste en le comparant à l'attitude différente de Jean-Paul II, qui est demeuré sur le Siège jusqu'à la fin, « je reste d'une nouvelle manière près du Seigneur crucifié. »

Le lendemain matin a lieu la rencontre avec les cardinaux dans la salle Clémentine. Parmi ceux qui s'attardent le plus avec le pape, il y a l'archevêque de Buenos Aires, Jorge Mario Bergoglio. L'après-midi même, Benoît XVI quitte le Vatican en hélicoptère. Après un tour complet au-dessus de la Ville éternelle, il se dirige vers le palais de Castel Gandolfo, où il résidera quelques mois en attendant la fin des travaux de rénovation du monastère Mater Ecclesiae à l'intérieur du Vatican.

III

Le conclave de padre Jorge

Mercredi 27 février, à 8 heures du matin, aux carrousels à bagages des vols internationaux de l'aéroport Leonardo Da Vinci de Rome-Fiumicino, se retrouvent trois cardinaux électeurs. Ils sont arrivés à la même heure de vols en provenance de Buenos Aires, São Paulo et Manille. Ce sont Jorge Mario Bergoglio, Odilo Pedro Scherer et Luis Antonio Tagle. Les deux premiers portent la tenue ecclésiastique. Le troisième est en habit civil et a l'air d'un jeune homme. Ils se connaissent, ils s'estiment, ils se saluent. Lorsque, le lendemain, padre Bergoglio rencontrera dans la salle Clémentine le cardinal Tagle vêtu de la soutane réglementaire passementée, du ceinturon rouge et de la calotte, il lui dira en plaisantant : « Mais tu sais qu'hier à l'aéroport, il y avait un garçon qui te ressemblait énormément… »

Hummes, archevêque émérite de São Paulo et préfet émérite de la Congrégation pour le clergé, sera assis juste à côté de Bergoglio dans la chapelle Sixtine durant le conclave. Les deux se connaissent depuis très longtemps, et ils sont amis.

Le jour suivant, le 28 février, le Siège apostolique devient vacant à compter de 20 heures. C'est une date particulière pour padre Bergoglio. C'est précisément un 28 février que, quinze ans plus tôt, l'archevêque de Buenos Aires, le cardinal Antonio Quarracino, décédait. Et Bergoglio, qui était déjà son coadjuteur, lui succédait à la direction du diocèse de la capitale argentine. Impossible que cette coïncidence ait échappé au cardinal jésuite. Un signe prémonitoire ?

Le futur pape loge à la *Domus Sacerdotalis Paulus VI*, la maison du clergé au 70 de la via della Scrofa, comme il le fait à chacun de ses rares passages à Rome. En effet, Bergoglio est un cardinal qui ne quitte pas volontiers son diocèse. Via della Scrofa, tout le monde le connaît : le personnel et les prêtres qui y logent en permanence se retrouvent avec lui pour concélébrer la messe du matin.

Le préconclave débute par les congrégations générales, les réunions des cardinaux appelés à discuter de l'avenir de l'Église, de ses besoins, de ses problèmes les plus sérieux. Bergoglio se rend tous les jours au Vatican à pied, sans sa calotte, à travers les ruelles du centre de Rome. L'attente médiatique est à son paroxysme : des milliers de journalistes du monde entier sont arrivés dans la Ville éternelle. Les cardinaux se réunissent dans la nouvelle salle du Synode et des nuées de reporters, photographes, cameramen les attendent dehors, devant les grilles de la place du Saint-Office. Les téléobjectifs scrutent les visages des « *papabili* ». Padre Bergoglio arrive d'un bon pas, mais presque personne ne le reconnaît. Les journaux télévisés vont filmer plusieurs fois son passage, sans que quelqu'un l'aborde ou lui pose des questions.

Comme la situation a changé par rapport à huit ans plus tôt ! L'archevêque de Buenos Aires en était alors lui aussi, comme 113 des 115 cardinaux électeurs du successeur de Jean-Paul II, à son premier conclave. Rome était envahie de pèlerins venus rendre hommage au grand pape Wojtyla. Cette foule ininterrompue qui défilait jour et nuit devant la dépouille du pontife polonais avait, d'une certaine façon, influencé les cardinaux. Il fallait que le choix soit fait rapidement. Et certains avaient fait en sorte de faciliter l'élection de Ratzinger, comme, à la Curie, le cardinal colombien Alfonso López Trujillo, grand « *king maker* » de Benoît XVI. Le conclave avait été rapide. Les cardinaux s'étaient réunis le soir du 18 avril 2005 et le lendemain après-midi, le pape était choisi au quatrième scrutin. Contre toute attente, le cardinal qui avait reçu le plus de voix après Ratzinger était justement l'archevêque de Buenos Aires. Dans son cas, rien n'avait été préparé. Un petit nombre de confrères lui avaient exprimé leur appui, bientôt suivis par d'autres. Au second scrutin du matin, Bergoglio avait réussi à obtenir une quarantaine de bulletins portant son nom sous l'inscription « *Eligo in Summum Pontificem* ». Mais quelque chose s'était passé pendant le déjeuner car après la pause, les votes en faveur de Ratzinger avaient augmenté. Les soutiens de Bergoglio n'étaient pas assez nombreux pour l'élire, seulement pour bloquer l'élection d'un autre.

Puis, au premier tour de scrutin de l'après-midi, le tournant : le cardinal argentin perd plusieurs votes, tout en en conservant un nombre significatif, et Ratzinger est élu. Ce soir-là, après la première bénédiction *urbi et orbi* et le dîner, le cardinal Bergoglio sort de sa chambre de la Maison Sainte-Marthe et se dirige vers celle du pape. Il souhaite lui parler mais, en voyant les gendarmes du Vatican qui montent déjà la garde devant sa porte, il renonce. C'est peut-être pour cela que, à peine élu le soir du 13 mars 2013, il a voulu partager la table et des moments de vie avec ses « frères cardinaux ».

D'après ce que nous apprend l'histoire récente de la papauté, le candidat qui termine deuxième dans un conclave ne devient pas pape à l'élection qui suit. Et puis, padre Bergoglio a déjà 76 ans.

Les jours qui précèdent le conclave de François sont difficiles, marqués par des tentatives de pression et par les accusations embarrassantes contre le cardinal écossais Keith

O'Brien et l'archevêque émérite de Los Angeles, Roger Mahony : plusieurs associations de victimes de pédophilie réclament à grands cris l'exclusion du conclave de ce cardinal qui n'a pas su faire face à plusieurs cas de prêtres ayant abusé d'enfants et de jeunes garçons. Les journaux, même catholiques, mènent des sondages contre le cardinal américain dont ils souhaitent le retrait volontaire ou une exclusion de la chapelle Sixtine par le Vatican.

Il y a quelque chose de déconcertant dans cette polémique croissante au sujet de Mahony. Dissimulation et mensonges au sujet de prêtres pédophiles de son diocèse dans les années quatre-vingt et quatre-vingt-dix seraient un motif — au dire de ses accusateurs — pour l'empêcher de participer au vote qui désignera le successeur du démissionnaire Joseph Ratzinger. Mais la constitution apostolique *Universi Dominici gregis*, promulguée en 1996 par Jean-Paul II, affirme : « Tous les cardinaux électeurs convoqués par le doyen, ou par un autre cardinal en son nom, pour l'élection du nouveau pontife, sont tenus, en vertu de la sainte obéissance, d'obtempérer à l'annonce de la convocation et de se rendre au lieu désigné à cette fin, à moins qu'ils ne soient retenus par une infirmité ou par un autre empêchement grave, qui devra cependant être reconnu par le collège des cardinaux. » Depuis longtemps, le droit de l'électeur du pape d'exercer son vote sans subir de pression fait partie des règles du conclave.

L'idée qu'il y ait des cardinaux indignes d'exercer le plus important des droits liés à leur statut et que cette « indignité » soit établie par des polémiques médiatiques représente un dangereux précédent : il pourra toujours s'en trouver un qui, en effet, se croyant plus pur qu'un autre, en vienne à l'accuser de ne pas être digne d'entrer dans la chapelle Sixtine. L'Église a toujours cherché — sans y réussir parfois — à préserver l'élection papale des influences et des ingérences externes. En 2005, il y avait eu des protestations contre la participation au conclave de l'archevêque émérite de Boston, Bernard Law, contraint de démissionner quelques années auparavant pour sa gestion des cas de pédophilie dans son diocèse, mais les campagnes sur « l'indignité de sa présence » n'avaient pas atteint l'intensité de celle menée contre Mahony.

Dans ce cas spécifique, il faut aussi se rappeler que le cardinal émérite de Los Angeles a effectivement commis des erreurs dans le passé quand il s'est agi de s'occuper des cas des prêtres pédophiles. Mais lorsque Jean-Paul II et le cardinal Ratzinger, il y a plus de dix ans, ont instauré de nouvelles règles pour faire face à ces situations, Mahony a été l'un de ceux qui les a appliquées avec fermeté comme l'attestent plusieurs documents. Son exemple est en fin de compte positif et montre comment l'approche du problème a changé.

On ne doit pas se cacher que durant des décennies ces scandales ont été sous-estimés par l'Église, même au sein de la Curie romaine. Pourquoi Mahony devrait-il renoncer au conclave, alors que ceux qui, de l'autre côté du Tibre et en un temps pas si éloigné, ont suivi une ligne différente de celle adoptée aujourd'hui, n'auraient pas à le faire ? Et qu'en est-il de ceux qui dans la Curie de Jean-Paul II ont protégé, en ayant pour lui une estime inconditionnelle, le fondateur de la Légion du Christ, Marcial Maciel, dont les nombreux abus sexuels sur mineurs ont été enfin reconnus en 2010 ?

La bataille contre la participation du cardinal Mahony au conclave, au nom du politiquement correct, représente donc une pression indue qui risque de transformer le conclave en un mauvais programme de téléréalité dont les candidats « nommés » par le public pourraient être expulsés par l'envoi d'un simple SMS.

Le Saint-Siège est intervenu en publiant une note très sévère quant aux accusations, mais ne s'adressant à aucun destinataire en particulier. C'est aussi parce que Mahony n'est pas l'unique cardinal visé : on se rappelle les scandales de pédophilie en Irlande et en Belgique, qui ont mené à ce que soit demandée l'exclusion des cardinaux Danneels et Brady du conclave. La Secrétairerie d'État a donc essayé de protéger l'élection pontificale des polémiques internationales, auxquelles se sont ajoutés les miasmes des Vatileaks et les fantasmes du dossier secret des trois cardinaux. La note du Vatican s'en prend aux nouvelles « non vérifiées, ou non vérifiables, ou même fausses et causant du tort aux personnes et aux institutions » et par lesquelles on cherche à influencer les cardinaux en vue du conclave.

Le texte rappelle qu'« au cours des siècles, les cardinaux ont dû faire face à de multiples formes de pression, exercées sur les électeurs individuels et sur le collège lui-même, qui avaient pour but d'influencer les décisions, en les conformant aux logiques de type politique ou mondain. Si dans le passé, poursuit la note, ce sont les soi-disant pouvoirs, c'est-à-dire les États, qui ont cherché à faire valoir leurs propres conditions dans l'élection du pape, on tente aujourd'hui de mettre en jeu le poids de l'opinion publique, souvent sur la base de jugements qui ne saisissent pas l'aspect typiquement spirituel du moment que l'Église est en train de vivre. » C'est pourquoi « il est déplorable, lorsque vient le temps d'un conclave où les cardinaux électeurs seront tenus, en conscience et devant Dieu, d'exprimer en pleine liberté leur choix personnel, que soit amplifiée la diffusion de nouvelles souvent non vérifiées, ou non vérifiables, ou même fausses, et causant du tort aux personnes et aux institutions. » Et la note conclut : « Jamais les catholiques ne se concentrent-ils autant qu'en ces moments sur ce qui est essentiel : ils prient pour Benoît XVI, ils prient pour que l'Esprit saint illumine les cardinaux... ils prient pour le prochain pontife. »

À la note du Vatican vient s'ajouter une autre intervention, aussi forte, du porte-parole du Saint-Siège, padre Federico Lombardi, selon lequel « il s'en trouve toujours qui cherchent à profiter du moment de surprise et de désorientation des esprits faibles pour semer la confusion et jeter du discrédit sur l'Église et sur son Gouvernement, en ayant recours à des moyens archaïques, comme la médisance, la désinformation, parfois même la calomnie, ou en exerçant des pressions inadmissibles pour remettre en question l'exercice du devoir de vote de l'un ou l'autre membre du collège des cardinaux qu'on pense, pour une raison ou une autre, indésirable. » Le ton est inhabituellement grave. Et la comparaison entre la critique des hiérarchies ecclésiastiques par les médias de masse et l'époque lointaine des interférences de rois ou d'empereurs dans le choix du successeur de Pierre est audacieuse.

À peine les polémiques au sujet de Mahony commencent-elles à s'apaiser qu'explose la bombe O'Brien. Le cardinal écossais est accusé par certains ex-séminaristes de les avoir harcelés au cours des années quatre-vingt. Dans un premier temps le cardinal nie fermement, avant de finir par reconnaître ses torts : « Il y a eu des moments où ma conduite sexuelle n'a pas été à la hauteur de ce qu'on attend de moi, en tant que prêtre, archevêque et cardinal. »

O'Brien présente ses excuses « à ceux que j'ai offensés, à l'Église catholique et au peuple écossais ». Le pape Benoît XVI, désormais à la veille de sa renonciation au pontificat, accepte la démission présentée quelques mois auparavant par l'archevêque d'Édimbourg en raison de son âge, mais ne lui enlève pas la pourpre cardinalice et donc la faculté d'élire le nouveau pontife. O'Brien demeure un électeur. C'est lui-même qui annoncera publiquement la décision de ne pas venir à Rome pour participer au conclave. Lui ainsi que l'archevêque émérite de Djakarta, qui ne quittera pas l'Indonésie pour des raisons de santé, seront les deux électeurs absents.

Dans les jours qui ont précédé la vacance du Siège, Benoît XVI a modifié *in extremis* quelques règles du conclave avec le *motu proprio Normas nonnullas* daté du 22 février 2013, jour de la fête de la chaire de saint Pierre. La nouveauté la plus significative du document réside dans deux lignes ajoutées à un paragraphe de la constitution en vigueur sur l'élection du pape : « Je laisse au collège des cardinaux le pouvoir d'anticiper le début du conclave… » Le pape démissionnaire décide donc que le vote pour le choix de son successeur pourra commencer avant l'échéance fixée dans le code de Jean-Paul II en 1996, c'est-à-dire quinze jours après la vacance du Siège.

C'est aux congrégations des cardinaux, qui doivent débuter le 4 mars, qu'il reviendra de décider d'une éventuelle anticipation. Les cardinaux — tous ceux présents à Rome, quel que soit leur âge — peuvent donc fixer une date anticipée à condition que tous les électeurs soient déjà présents et que ceux qui ont un empêchement aient déjà communiqué leur décision de ne pas participer, décision qui doit être ratifiée par le collège des cardinaux.

Voici le paragraphe 37 de la constitution après modification : « Je décrète que, à partir du moment où le Siège apostolique sera légitimement vacant, on attende pour une période de quinze jours les absents avant de débuter le conclave ; je laisse par ailleurs au collège des cardinaux le pouvoir d'avancer le début du conclave si la présence de tous les électeurs est avérée, aussi bien que de différer, en cas de circonstances graves, le début de l'élection de trois jours. Une fois passés vingt jours au maximum à partir de la vacance du Siège, tous les cardinaux électeurs présents sont tenus de procéder à l'élection. »

Benoît XVI n'avance pas le conclave ni ne suggère aux cardinaux de le faire : il leur offre la possibilité de décider en ce sens, eu égard aussi à la situation absolument inédite que l'Église vit en ce moment gravissime, avec un pape démissionnaire et une date de début de vacance du Siège connue depuis quelque temps déjà.

Rien d'essentiel donc n'est modifié dans les modalités de l'élection. Le pape Ratzinger avait déjà fait, quelques années plus tôt, une modification beaucoup plus importante.

Il avait alors établi que la majorité des deux tiers des cardinaux électeurs serait toujours nécessaire pour élire le pontife, même après des dizaines et des dizaines de scrutins sans résultat.

Les cardinaux se réunissent et commencent à discuter entre eux à partir du lundi 4 mars, une journée ensoleillée mais froide. Ils sont plusieurs à parler de collégialité et de réforme de la Curie. Il n'était jamais arrivé qu'autant de cardinaux réclament publiquement, dans un préconclave, un changement de direction dans la gestion de la « machine » curiale du Vatican, mise à mal non seulement par le scandale des Vatileaks — le vol et la diffusion de documents confidentiels du bureau du secrétariat du pape —, mais aussi par des dysfonctionnements et un manque de coordination. C'est ainsi que les cardinaux — qui interviennent l'un après l'autre, dans un dialogue cordial mais plus franc que jamais — abordent le thème de l'organisation des dicastères, de leur coordination, du lien avec les conférences épiscopales. Des pistes de réflexion que le pape François pourra difficilement ignorer. Des requêtes qui découlent d'expériences difficiles dans le rapport entre Rome et les épiscopats.

Plusieurs cardinaux influents traitent de ces questions en allant droit au but, soit en réclamant des informations sur le dossier Vatileaks, soit en évoquant la nécessité d'un changement de style dans la gestion de la Curie et de la

Secrétairerie d'État. Les réponses à la première requête ne peuvent être exhaustives, puisque le pape Ratzinger a décidé que la « *Relatio* » préparée par les cardinaux Herranz, Tomko et De Giorgi sur la fuite des documents et, de façon plus générale, sur certains scandales à la Curie, sera remise à son successeur et non aux cardinaux avant le conclave. Malgré cela, les trois éminences qui ont mené l'enquête ont fourni aux cardinaux qui demandaient des éclaircissements quelques informations lors de conversations en tête à tête et l'on entend dans la salle des noms de personnes que l'on suppose impliquées : d'importants employés laïcs du Vatican ainsi que d'importants dirigeants italiens qui ont eu pendant ces dernières années d'excellentes relations avec la Secrétairerie d'État. Le cardinal Tarcisio Bertone, ex-secrétaire d'État — qui joue également le rôle de camerlingue et jouit par conséquent d'une autorité spécifique et particulière durant la vacance du Siège — finit par se retrouver lui aussi sous le feu des critiques pour sa gestion.

En ce qui concerne plus généralement la Curie, aussi bien avant qu'après la présentation de propositions de réforme de la part du cardinal Francesco Coccopalmiero, président du Conseil pontifical pour les textes législatifs, certains cardinaux ont affirmé qu'on ne pouvait plus remettre ces changements que le pape démissionnaire Benoît XVI, en marge de la cérémonie du mercredi des

Cendres, avait dit avec amertume ne pas avoir réussi à faire.

On parle donc de la nécessité d'améliorer les relations entre le pape et les chefs de dicastères : il serait utile de pouvoir accéder et échanger constamment avec le pontife. Il fut un temps où avaient lieu les audiences régulières, des rencontres planifiées à l'année pendant lesquelles non seulement les préfets des congrégations, mais aussi les secrétaires, rencontraient le pape, qui pouvait ainsi se faire une idée des problèmes et prendre des décisions. Au cours des dernières années, les audiences régulières ont été réduites et demeuraient en vigueur seulement pour quelques chefs de dicastères comme les préfets des évêques et de l'ex-Saint-Office. La Secrétairerie d'État servait de plus en plus de tampon : ces derniers temps, un cardinal en tête d'un dicastère devait attendre plusieurs mois avant de pouvoir rencontrer le pontife.

On parle aussi dans le préconclave de la nécessité d'une plus grande coordination et d'un plus grand échange d'informations au sein même de la Curie, entre les différents « ministères ». Il en va de même du rapport entre le centre et la périphérie, entre le Saint-Siège et les conférences épiscopales : il est important que les exigences des églises locales soient davantage prises en compte. Et il importe également d'accroître la collégialité de pouvoir pour éviter que ne se répètent les événements qui ont marqué la vie de la Curie ces dernières années.

Les interventions favorables à une gestion différente du gouvernement central de l'Église et à certaines réformes viennent de l'Allemand Walter Kasper, de l'Autrichien Christoph Schönborn, du Hongrois Peter Erdö, du Péruvien Juan Luis Cipriani Thorne, du Français André Vingt-Trois, de l'Espagnol Antonio María Rouco Varela, de l'Indien Ivan Dias, du Slovène Franc Rodé, de l'Italien Giovanni Battista Re. La nécessité d'un changement de rythme, d'une plus grande collégialité, d'une figure papale moins isolée et moins protégée par la Secrétairerie d'État sont autant de facteurs destinés à peser sur le conclave.

On parle aussi plusieurs fois de la gestion de l'IOR, la « banque » du Vatican, marquée au cours de la dernière année par l'épisode encore obscur du renvoi de son président Ettore Gotti Tedeschi.

Ce serait toutefois une erreur de penser que les discussions des cardinaux dans les congrégations générales étaient centrées sur les problèmes de la Curie. La question primordiale pour les cardinaux est celle de la nouvelle évangélisation : comment poursuivre sur la voie tracée par Benoît XVI ? Comment annoncer d'une manière nouvelle l'Évangile à ceux qui se sont éloignés de la foi dans les sociétés sécularisées ? La mission, l'annonce chrétienne, sont les thèmes qui ont été les plus présents au cours du débat.

Le matin du jeudi 7 mars, le cardinal Bergoglio prononce un discours d'à peine trois minutes et demie — donc moins des cinq minutes allouées — lorsqu'il prend la parole. Il parle de « l'annonce joyeuse de l'amour et de la miséricorde de Dieu », d'une Église qui se fait proche des personnes là où elles vivent. C'est une intervention marquante. « Il a parlé avec le cœur » : tel est le commentaire de plusieurs cardinaux qui attendaient son discours. Et c'est pendant ces jours de discussion, de rencontres, de repas, de dîners et de pauses café que prend forme la candidature de l'archevêque de Buenos Aires. Dans son cas, il n'y a pas de véritable « *king maker* », ni de campagne organisée au moment opportun. On parle plutôt d'une estime partagée et consolidée. Les cardinaux asiatiques et africains, certains cardinaux sud-américains, quelques cardinaux américains et même quelques Italiens de la Curie pensent à lui.

La géopolitique compte peu dans le conclave. Même si Bergoglio est le premier pape latino-américain, son origine géographique n'a pas été déterminante pour son élection. Ainsi, pendant que presque tous les médias s'attardent sur les candidatures des « *papabili* » — l'Italien Angelo Scola, archevêque de Milan ; le Canadien Marc Ouellet, préfet de la Congrégation pour les évêques ; les Américains Sean Patrick O'Malley et Timothy Michael Dolan, respectivement archevêques de Boston et de New York —, plusieurs cardinaux commencent à penser à Bergoglio. Ce dernier n'apparaît pratiquement jamais dans la courte liste des favoris dressée quotidiennement par la presse internationale.

Après presque une semaine de rencontres, les propositions concrètes et les candidatures se consolident. Et pourtant, demeure l'impression d'un conclave qui n'est pas simple : il est plus compliqué que celui d'il y a huit ans.

Nous sommes le lundi 11 mars, le jour de la dernière congrégation générale en vue du conclave qui s'ouvrira vingt-quatre heures plus tard. Ce matin-là, padre Bergoglio ne célèbre pas la messe mais la sert dans la maison du clergé de la via della Scrofa. Autrement dit, il fait l'enfant de chœur — lui, cardinal — pour un des prêtres qui loge temporairement dans cette maison. Un geste qui dit sa profonde humilité et qui rappelle ce qu'a voulu faire en quelques occasions le pape Luciani, Jean-Paul Ier, en demandant de servir la messe de son secrétaire John Magee. Il est 6 h 30 du matin. Le lendemain au soir, ce vieil évêque jésuite qui sert la messe d'un jeune prêtre entendra résonner son nom à de nombreuses reprises sous la voûte de la chapelle Sixtine.

Le mardi 12 mars, Rome est frappée par le vent et la pluie. À Saint-Pierre, le cardinal Angelo Sodano préside la messe *pro eligendo Pontifice*, concélébrée par tous les cardinaux, les électeurs de moins de quatre-vingts ans comme les non-électeurs plus âgés qui ne participeront pas au conclave.

Sodano revêt la chasuble rouge utilisée par Joseph Ratzinger huit ans plus tôt. Le doyen du collège avait alors parlé avec des accents d'inquiétude de la situation de l'Église attaquée par le monde : « Combien de vents de doctrine avons-nous connus dans ces dernières décennies, combien de courants idéologiques, combien de façons de penser », avait dit Ratzinger, du « marxisme en passant par le libéralisme et jusqu'au libertinisme ; du collectivisme à l'individualisme radical ; de l'athéisme à un vague mysticisme religieux ; de l'agnosticisme au syncrétisme, et ainsi de suite. [...] La miséricorde du Christ n'est pas une grâce bon marché et elle ne supporte pas la banalisation du mal », avait été la conclusion du cardinal bavarois avant qu'il ne soit élu avec une avalanche de votes.

L'homélie de Sodano, en revanche, est un hymne à la miséricorde : l'amour de Jésus « est un amour qui se fait particulièrement remarquer dans le contact avec la souffrance, l'injustice, la pauvreté, avec toutes les fragilités humaines, autant physiques que morales. » Une « mission de miséricorde » qui « a été confiée par le Christ aux pasteurs de son Église », mais qui « engage encore plus l'évêque de Rome ». Le portrait tracé par le vieux doyen du collège, qui n'entre pas en conclave mais qui a dirigé les congrégations générales, ne ressemble pas à celui du pape « manager » qui fustige la Curie ou à celui du pape rigoriste qui condamne continuellement les sociétés sécularisées. L'Église n'a pas besoin d'un shérif ni d'un administrateur. Elle a besoin d'un pasteur, d'un témoin authentique et passionné de l'Évangile source d'espérance. L'image dessinée par Sodano est celle positive d'un pasteur dédié en priorité à l'évangélisation, à l'annonce du Christ, qui « est la plus grande œuvre de charité » et aussi « le premier et le principal facteur de développement », ainsi que le rappelle le cardinal doyen, en citant le pape Ratzinger et l'encyclique *Populorum progressio* de Paul VI.

Dans son homélie, Sodano parle de l'unité de l'Église, de la mission particulière que le pape accomplit en ce sens, et il affirme aussi « que nous devons tous collaborer à l'édification de l'unité de l'Église… Nous tous, donc, nous sommes appelés à collaborer avec le successeur de Pierre. » C'est peut-être une allusion à la demande générale d'une plus grande collégialité dans la gestion du gouvernement central de l'Église. Sodano rappelle ensuite que « la charité du pasteur doit être d'autant plus grande que la charge pastorale est plus élevée et plus universelle ».

Le cardinal, jadis secrétaire d'État de Jean-Paul II et au début du pontificat du pape Ratzinger, parle aussi de la nécessité d'un engagement du Saint-Siège, dans la foulée des derniers pontifes, dans « des initiatives qui soient bénéfiques pour les peuples et pour la communauté internationale, en faisant la promotion constante de la justice et de la paix. Prions pour que le prochain pape puisse continuer cette œuvre sans fin au niveau mondial ». Voilà une allusion à la position internationale du Saint-Siège qui, au cours des dernières années, semble avoir joué un rôle moins important dans les grandes crises qui ont traversé le monde.

Sodano conclut l'homélie avec une invocation à Dieu pour « qu'il nous donne un pape qui remplit avec un cœur généreux » la mission de « présider à la charité ».

Ce serait une erreur que de tirer des conclusions impropres de la méditation spirituelle du cardinal d'Asti, mais le portrait qui émerge de ses paroles semble très bien correspondre à la figure de Bergoglio. Que ce soit dans l'intervention de l'archevêque de Buenos Aires aux congrégations générales ou dans l'homélie de Sodano, le mot-clef est bien « miséricorde ».

À 16 h 30 du même jour, les cent quinze cardinaux électeurs défilent en procession de la chapelle Pauline à la Sixtine, en invoquant le Saint-Esprit. Giovanni Battista Re dirige la procession à titre de doyen. Chacun d'eux jure sur l'Évangile de maintenir le silence sur l'élection et d'assumer le service pétrinien, dans l'éventualité où il serait désigné. « Nous promettons, nous nous obligeons et nous jurons que celui d'entre nous — quel qu'il soit — qui sera élu Pontife romain par disposition divine, s'engagera à remplir fidèlement le *munus Petrinum* de pasteur de l'Église universelle et veillera à affirmer et à défendre vaillamment les droits spirituels ainsi que la liberté du Saint-Siège. »

Après l'« *extra omnes* », le « tous dehors » prononcé par le maître des cérémonies pontificales Guido Marini, les électeurs écoutent une méditation du cardinal Prosper Grech — âgé de plus de plus de 84 ans et donc exclu du conclave — et décident ensuite de procéder tout de suite à un premier vote.

Le premier tour de scrutin sert de primaires. Il sert à évaluer combien de candidatures sont en jeu. Dès le début Jorge Bergoglio obtient des appuis significatifs, tandis que d'autres votes vont aux cardinaux Angelo Scola, Marc Ouellet et Odilo Pedro Scherer. L'archevêque de Buenos Aires n'est donc pas un *outsider*, un candidat pour le deuxième ou le troisième jour en cas de blocage du conclave.

Il ne faut pas oublier le discours de Bergoglio lors des congrégations générales, ni que l'autorité du cardinal argentin s'est accrue pendant ces huit années qui ont suivi le dernier conclave, comme au cours de la réunion du Celam à Aparecida en 2007 ou durant les Synodes des évêques auxquels il a participé.

Les primaires du conclave, en cette soirée du mardi 12 mars, révèlent donc le sérieux de sa candidature. Ce soir-là, à la Maison Sainte-Marthe, les cardinaux dînent, parlent et prient. La nuit qui sépare le premier scrutin du deuxième aide à réfléchir et à se rendre dans la Sixtine avec des idées plus claires. Le matin du mercredi 13 mars, les cardinaux s'empressent de procéder aux votes suivants. La fumée du midi est noire. L'élection à la fin du premier jour de conclave tend cependant à démontrer que Bergoglio a connu la même progression que Ratzinger : le cardinal argentin a gagné des appuis graduellement, en cascade, jusqu'à la fumée blanche. « Les cardinaux sud-américains », a dit le cardinal brésilien Raymundo Damasceno, « ont beaucoup apprécié la valeur de Bergoglio et, par la suite, ils ont été rejoints par de nombreux autres. »

Le dernier scrutin de la journée est celui qui a été décisif. Déjà au tour précédent, le cardinal de Buenos Aires s'est rapproché des deux tiers des votes. Pendant que le nombre de voix augmente, Bergoglio est soutenu par le cardinal Claudio Hummes, son ami, qui est assis à ses côtés et jouera aussi un rôle dans le choix du nom du nouveau pape. À 19 h 05 — l'heure a été confirmée par le cardinal Angelo Comastri —, après avoir répondu « *Accepto* » à la question du doyen, le cardinal de Buenos Aires dit aux électeurs : « *Vocabor Franciscus* », « Je m'appellerai François ».

C'est le pontife même qui expliquera le choix du nom, lors de sa rencontre avec les journalistes le 16 mars. C'est la première fois en deux mille ans d'histoire de l'Église qu'un successeur de Pierre décide de s'appeler François, et dès le soir de l'élection certains ont affirmé que François d'Assise n'était pas à l'origine de ce choix.

« Certains ne savaient pas pourquoi l'évêque de Rome a voulu s'appeler François », dit le pape Bergoglio, « et ont pensé alors à saint François-Xavier ou à saint François de Sales. » Telle était l'interprétation de ceux qui trouvaient trop étrange qu'un pape jésuite prenne le nom du saint des franciscains. Mais l'origine de cette décision est à chercher dans l'accolade réconfortante d'un ami.

« Durant l'élection, j'avais à mes côtés l'archevêque émérite de São Paulo et préfet émérite de la Congrégation pour le clergé, le cardinal Claudio Hummes : un grand ami, un grand ami ! » raconte le pape. « Alors que la chose devenait un peu dangereuse, il me réconfortait », ajoute-t-il, en référence à l'augmentation graduelle et irrésistible des voix en sa faveur. « Et quand les votes ont atteint les deux tiers, il y a eu l'applaudissement habituel, parce que le pape avait été élu. Et il m'a donné l'accolade, m'a embrassé et m'a dit : "N'oublie pas les pauvres !" »

« Cette parole », a poursuivi le pape, « est entrée en moi : les pauvres, les pauvres. Puis tout de suite, en lien avec les pauvres, j'ai pensé à François d'Assise. J'ai ensuite pensé aux guerres, alors que le scrutin se poursuivait jusqu'à la fin de tous les votes. Et François est l'homme de la paix. Et c'est ainsi qu'est venu dans mon cœur le nom : François d'Assise. Il est pour moi l'homme de la pauvreté, de la paix, l'homme qui aime et qui protège la Création ; nous avons aujourd'hui une relation à la Création qui n'est pas vraiment bonne, n'est-ce pas ? C'est l'homme qui nous donne cet esprit de paix, l'homme pauvre… Ah, comme je voudrais une Église pauvre et pour les pauvres ! »

Voilà donc l'explication de l'origine du nom papal inédit, conclue par une exclamation des plus significatives. François parle de l'Église des pauvres et en même temps, dès le début de son pontificat, il envoie des signes concrets en ce sens. Pour l'occasion, le pape ne s'est pas arrêté là. Il a continué à rapporter aux journalistes, non sans ironie, les paroles des autres cardinaux. « Plus tard, certains ont fait quelques mots d'esprit. "Mais tu devrais t'appeler Adrien, parce que c'est Adrien VI qui a été le réformateur, et nous avons besoin de réforme…" » Effectivement, les cardinaux avaient abondamment parlé les jours précédents d'une possible réforme de la Curie. De toute évidence, le pape ne considère pas cela comme la priorité qui le définit.

« Et un autre m'a dit : “Non, non : ton nom devrait être Clément.” Mais pourquoi ? “Clément XV : ainsi tu prendras ta revanche sur Clément XIV, qui a supprimé la Compagnie de Jésus !” » Ce dernier Clément, qui a dissous l'ordre en 1773, était un pape franciscain. Ironie du sort, le premier jésuite à devenir évêque de Rome choisit le nom du *poverello* d'Assise : il voudrait, ou mieux, il veut une Église pauvre, pour les pauvres.

IV

LE RISOTTO DE LA FAMILLE BERGOGLIO

Nous sommes en janvier 1929, par un matin étouffant. La famille de Giovanni Bergoglio arrive à Buenos Aires après une longue traversée. Bien que l'air soit chaud et chargé d'humidité, la grand-mère du pape, Rosa Margherita Vasallo, une dame élégante, porte un manteau avec un col de renard, totalement inapproprié par de telles températures. Dans la fourrure sont cachées les économies de la famille qui proviennent de la vente de leurs biens en Italie. Les Bergoglio viennent de Portacomaro (Portacomé en piémontais), une petite commune de la province d'Asti, dans le Piémont, où la famille s'est installée au début du XIXe siècle après avoir quitté Castelnuovo, une autre ville de la région.

Les tractations pour finaliser la vente avaient retenu la famille plus longtemps que prévu, les empêchant d'embarquer sur le *Principessa Mafalda*, dont le naufrage au nord du Brésil causerait une centaine de morts. Ils étaient partis quelques jours plus tard, à bord du *Giulio Cesare*. À Portacomaro, les Bergoglio tenaient une confiserie. S'ils abandonnaient tout pour émigrer, ce n'était pas tant pour des raisons économiques : même s'ils ne s'étaient pas bien remis de la Grande Guerre, ils n'avaient pas réellement besoin de quitter l'Italie. Les Bergoglio avaient choisi l'Argentine d'abord et avant tout pour rejoindre leurs parents : dans cette terre de l'autre bout du monde, vivaient déjà trois frères du grand-père du futur pape qui y avaient fait fortune. Les raisons étaient aussi politiques, comme l'a expliqué la sœur du pape : « La situation était difficile, mais notre famille ne manquait de rien. Je me souviens que mon père répétait souvent que l'avènement du fascisme avait été la raison qui l'avait poussé à quitter l'Italie. »

« Trois frères de mon grand-père habitaient déjà là en 1922 », a expliqué le cardinal Jorge aux journalistes Sergio Rubin et Francesca Ambrogetti dans le livre d'entretiens *El Jesuita*. « Ils avaient créé une entreprise de pavage à Paraná. Ils avaient construit la maison Bergoglio, à quatre étages, qui fut la première maison de la ville à être munie d'un ascenseur… Les frères occupaient chacun un étage. »

Mario Bergoglio, fils de Giovanni et de Rosa, père du futur pape, avait 21 ans à l'époque. Il aura été l'un des 535 000 italiens émigrants en Argentine au cours de cette décennie. Les liens avec la famille de Portacomaro demeureront toujours solides. Le cardinal Bergoglio est toujours resté en contact avec ses cousins piémontais ; il leur envoyait des e-mails dans lesquels il aimait glisser quelques expressions piémontaises.

« Il y a eu l'impulsion des pionniers et ce qu'on a appelé les chaînes migratoires, ceux qui arrivaient avec l'aide d'amis et de parents en espérant trouver quelque opportunité », explique Fernando J. Devoto, auteur d'une histoire des Italiens en Argentine[1].

« Avec la crise de 1932 », raconte encore le futur pape, « tous se retrouvèrent privés de tout et furent contraints de vendre jusqu'au tombeau familial. Un des frères de mon grand-père, le président de l'entreprise, était déjà mort d'un cancer, mais un autre frère a repris les choses en main et l'a bien fait, tandis que le plus jeune est parti pour le Brésil. Mon grand-père fit un emprunt de deux mille pesos et acheta un magasin. Papa, qui était comptable et travaillait dans l'administration de l'entreprise de pavage, l'aidait en assurant la distribution de la marchandise. Puis il obtint un poste dans une autre entreprise. Ils repartirent de zéro, avec le même naturel avec lequel ils étaient arrivés. Je crois que cela démontre la force de notre famille. »

Le futur pape raconte qu'à l'origine du déménagement en Argentine il y avait « l'idée, très européenne et en particulier

1. Fernando J. Devoto, *Storia degli italiani in Argentina*, Rome, Donzelli, 2007. Traduction de l'espagnol de F. Bertagna.

très italienne, de garder la famille unie ». Mario Bergoglio épouse le 12 décembre 1935 Regina Sivori, argentine d'origine génoise et piémontaise. Un an plus tard, le 17 décembre 1936, le premier fils vient au monde, Jorge Mario. La famille vit dans le quartier Flores de Buenos Aires, dans une petite villa au toit de tuiles marron. « Je crois que mes parents l'ont achetée », a raconté la sœur du pape, « parce qu'il y avait une énorme cuisine. Et après l'avoir achetée, ils ne savaient plus où mettre leurs cinq enfants. »

« Quand j'avais 13 mois », rappelle le futur pape, « ma mère a accouché de mon second frère : nous sommes cinq en tout. Mes grands-parents ne vivaient pas loin et, pour aider ma mère, ma grand-mère venait me chercher le matin, m'amenait à la maison avec elle et me ramenait le soir. Mes grands-parents parlaient piémontais entre eux, et c'est ainsi que je l'ai appris. Ils aimaient beaucoup tous mes frères, mais moi j'ai eu le privilège de comprendre la langue de leurs souvenirs. »

« Chez mon père », raconte Bergoglio dans *El Jesuita*, « je n'ai jamais vu de nostalgie : il regardait en avant. Par exemple, il ne parlait jamais piémontais avec moi. Je me souviens lui avoir demandé de l'aide un jour pour rédiger une lettre en italien, adressée à une professeur qui m'avait écrit au séminaire : quand je lui demandai l'orthographe d'un mot, il me répondit à la va-vite comme s'il était impatient de clore la conversation et de s'en aller. »

Toutefois, l'absence de nostalgie ne signifie pas l'effacement de ses origines. « Notre père parlait de l'Italie : comment on y vivait et quelles en étaient les valeurs. Il nous a fait grandir dans l'amour de notre terre d'origine. »

Mais avec ses enfants, Jorge Mario, Alberto Horacio, Oscar Adrián, Marta Regina et Maria Elena, il parlait toujours en espagnol. De la fratrie Bergoglio, seule Maria Elena a pu voir Jorge Mario apparaître vêtu de blanc à la loggia centrale de la basilique Saint-Pierre. Non sans émotion, le nouveau pape est encore capable de réciter par cœur un poème en piémontais, *Rassa nostrana* de Nino Costa, que ses grands-parents lui avaient appris. Une poésie qui commence par ces mots :

Drit et sincer, cosa ch'a sun, a smijo :
teste quadre, puls ferm e fidic san
a parlo poc ma a san cosa ch'a diso
bele ch'a marcio adasi, a va luntan.

Droits et sincères, ils sont comme ils paraissent :
têtes carrées, bras fermes et foie sain
parlent peu mais savent ce qu'ils disent
même s'ils marchent lentement, ils vont loin.

Bergoglio rappelle volontiers les moments passés en famille : « Nous jouions à la *briscola* et à d'autres jeux de cartes avec mon père. Mon père jouait au basket-ball pour le club San Lorenzo et il nous amenait parfois avec lui. Avec maman, en revanche, nous écoutions le samedi, à 2 heures de l'après-midi, les opéras diffusés par la radio d'État. Avant le début de la retransmission, elle nous expliquait l'opéra en question, nous avertissait du moment où commencerait l'air le plus important et le plus connu… Pour moi, c'était un vrai plaisir de passer le samedi après-midi avec ma mère et mes frères et sœurs à nous régaler d'art. » Il y a aussi les souvenirs en cuisine : « Ma mère est restée paralysée après avoir mis au monde son dernier fils, le cinquième, mais avec le temps elle a pu récupérer. À cette époque, quand nous revenions de l'école, nous la retrouvions assise en train d'éplucher les pommes de terre, avec tous les autres ingrédients déjà préparés. Elle nous disait comment les mélanger et les faire cuire, parce que nous n'en avions aucune idée : “Maintenant, mettez ceci dans la casserole et cela dans la poêle…”, nous expliquait-elle. C'est ainsi que nous avons appris à cuisiner. Nous savions tous faire au moins des escalopes milanaises. »

Bergoglio évêque avait moins de temps pour cuisiner, mais « quand je vivais à la faculté de San Miguel, étant donné que la cuisinière était en congé le dimanche, je cuisinais pour mes étudiants ». Et la qualité ? « Ma foi, je n'ai jamais tué personne avec ma nourriture… »

La sœur du pape, Maria Elena, a raconté ainsi au quotidien italien *La Repubblica* leur vie de famille : « Avant de me mettre au monde, moi qui suis la plus jeune, de douze ans plus jeune que Jorge, ma mère a perdu un de ses fils. Et j'avais 13 ans quand notre père Mario est mort d'un infarctus. Mais jusque-là — c'était en 1959 —, nous étions une famille heureuse. Avant tout, une famille italienne : "*Tanos*", comme ils nous appellent en Argentine. Je me rappelle le caractère sacré des dimanches : d'abord, la messe à l'église San José, puis les très longs repas jusque tard dans l'après-midi. Ces repas magnifiques qui n'en finissent plus avec cinq, six voire sept services. Et les desserts. Nous étions pauvres, mais toujours très dignes, et toujours fidèles à ce qu'était pour nous la tradition italienne. Maman était une cuisinière exceptionnelle. Elle faisait des pâtes fraîches, des *cappelletti* [petits raviolis] à la sauce tomate, un risotto piémontais et un poulet au four à s'en lécher les doigts. Elle disait toujours que lorsqu'elle avait épousé papa elle ne savait même pas faire cuire un œuf. Puis grand-mère Rosa, qui s'était enfuie en 1929 du Piémont parce qu'elle était antifasciste, lui avait montré quelques trucs. Grand-mère Rosa était pour nous une héroïne, une femme très courageuse. Je n'oublierai jamais quand elle nous racontait que, dans son pays en Italie, elle montait à la chaire de l'Église pour condamner la dictature, Mussolini et le fascisme. »

La sœur de François a aussi fait part des similitudes de caractère entre le nouveau pape et son père. « Papa Mario était comptable et le seul de la famille à travailler. Et Dieu sait qu'il s'est donné de la peine pour nous élever. Quand il est arrivé en Argentine, il avait déjà son diplôme d'études, mais on ne le lui a pas reconnu et il a alors trouvé du travail dans une usine. Mais il ne pouvait pas signer les registres, quelqu'un d'autre le faisait. Et c'est pour cette raison qu'ils le payaient moins que ce qu'ils auraient dû. »

« C'était un homme toujours joyeux », poursuit Maria Elena, « et il me fait tellement penser à mon frère Jorge Mario. Il ne se fâchait jamais. Et il ne nous a jamais frappés. C'était là la grande différence entre les familles d'immigrants italiens et les autres familles d'Argentine. L'homme était l'autorité dans la maison, mais sans machisme. Nous les enfants, même Jorge qui était l'aîné, étions terrorisés par le regard de papa quand nous avions fait une bêtise. Des fois, j'aurais préféré me prendre cent coups de fouet plutôt que de devoir supporter son regard réprobateur qui m'anéantissait. Il était très amoureux de ma mère et lui apportait toujours des cadeaux. Il me prenait par la main et nous sortions en cachette à son retour du travail pour acheter une petite chose pour maman. Jorge me rappelle nos deux parents. Il me rappelle maman, parce que lui aussi fait très bien la cuisine : il fait des calamars farcis absolument exquis. Mais il me fait surtout penser à papa. Le dimanche, papa rapportait du travail à la maison. Il posait ses énormes livres de comptabilité sur la table de séjour et mettait en marche le tourne-disques qui remplissait notre petite maison de musique. Il écoutait de l'opéra et, parfois, des chansons populaires italiennes. Tous nos dimanches étaient baignés de musique classique. Encore aujourd'hui Jorge est comme papa : il aime l'opéra et, de temps en temps, un bon tango. Et aussi Édith Piaf. Enfin, comme papa, il est le seul parmi nous à être un supporter de l'équipe de San Lorenzo. »

La famille Bergoglio n'était pas une famille aisée, mais elle ne manquait de rien. « À la maison, on ne jetait rien », explique la sœur du pape. « Maman réussissait à récupérer quelques vêtements pour nous, même à partir des affaires de notre père. Elle réparait, recousait des chemises abîmées, des pantalons élimés qu'elle nous donnait ensuite. C'est peut-être de là que vient l'extrême frugalité de mon frère, comme la mienne. Mais il y avait une limite. À table, maman ne pouvait pas servir deux fois de suite le même plat. Papa s'en offensait. Alors, à partir des restes, elle inventait un autre plat. Elle faisait du camouflage. »

Jeune garçon, Jorge joue au football avec les autres garçons de son âge du quartier. Il aime le sport. Et en grandissant, il se serait également passionné pour le tango. À l'âge de 12 ans, il se lie d'amitié avec une fillette du voisinage, prénommée Amalia. Elle vit encore aujourd'hui dans le même quartier, entourée d'enfants et de neveux et nièces. « Il a toujours été farceur, mais galant », raconte-t-elle. « Nos familles nous ont séparés », ces immigrés piémontais qui les trouvaient tous deux beaucoup trop jeunes pour l'amour. Amalia ne présente pas leur relation comme sérieuse : « Mais non ! Nous étions seulement des enfants, et notre histoire était totalement innocente. Nous avons grandi ensemble, mais j'ai commencé à le fréquenter davantage quand nous avons eu 12 ans. » Elle parle d'une enfance sereine et tranquille : « Nous jouions sur le trottoir ou dans les parcs alentour. Nous avons commencé à passer tous nos après-midi ensemble. » D'après elle, adolescent déjà il avait envisagé la vocation religieuse : « Il m'a dit une fois : "Si tu ne m'épouses pas, je me fais prêtre !" ». Donc certainement que l'idée lui trottait déjà dans la tête, mais il a fallu encore quelques années avant qu'il ne se décide. En réalité, Jorge Bergoglio a raconté une histoire différente sur les circonstances qui l'ont amené à choisir la vie religieuse et à entrer dans la Compagnie de Jésus.

Quand il termine l'école primaire, son père lui dit que, en plus d'étudier, il devra désormais commencer à travailler. « Vois-tu, maintenant que tu vas fréquenter l'école secondaire, tu devras aussi travailler : je vais chercher quelque chose pour toi durant les vacances. » Jorge, qui n'a que 13 ans, regarde son père d'un air déconcerté. À la maison, ils ne semblent pas être dans le besoin au point qu'il ait à chercher un travail. « Il ne nous offrait rien », a raconté le futur pape dans *El Jesuita*, « nous n'avions pas d'automobile et nous ne partions pas en vacances l'été, mais nous ne manquions de rien. » Même s'il n'en comprend pas les raisons, Jorge accepte et obéit à la requête de son père.

Il travaille d'abord dans une usine de chaussettes, puis dans le service de comptabilité de son père. Les premières années, il s'occupe du ménage ; au bout de trois ans, on lui confie quelques tâches administratives. La quatrième année, son rythme de travail et sa vie quotidienne changent considérablement. Il entre dans un institut technique spécialisé dans la chimie alimentaire où il travaille, dans un laboratoire, entre 7 heures du matin et 13 heures. Après une heure de pause déjeuner, commencent les cours qu'il suit jusqu'à 20 heures. Une vie très intense, épuisante, exigeante, partagée entre études et travail. Et pourtant, le nouveau pape sera toujours reconnaissant envers son père pour cette décision prise alors qu'il avait seulement 13 ans.

« Je remercie tant mon père pour m'avoir fait travailler », a dit Bergoglio. « Ce travail commencé à l'adolescence a été une des choses les plus bénéfiques dans ma vie. En particulier dans le laboratoire où je travaillais, j'ai appris le bon et le mauvais côté de toute activité humaine. » Bergoglio se souvient par exemple de la responsable du laboratoire : « J'ai eu une chef extraordinaire, Esther Balestrino de Careaga, une sympathisante communiste paraguayenne qui, des années plus tard, durant la dictature, a eu une fille et un gendre enlevés. Elle a ensuite été elle-même enlevée avec deux sœurs françaises *desaparecidas*, Alice Domon et Léonie Duquer, puis finalement assassinée. Je l'aimais bien. Je me souviens que lorsque je lui apportais une analyse, elle me disait : “Mais comme tu as fais vite !” Et tout de suite après, elle me demandait : “Ce dosage, tu l'as vérifié ou non ?” Je lui répondais : “Pourquoi devrais-je le faire, après tous les dosages qui on été faits auparavant, celui-ci devrait être plus ou moins pareil…” “Non, tu dois bien faire les choses”, disait-elle sur un ton de reproche. Bref, elle m'apprenait le travail sérieux. Je dois beaucoup, à vrai dire, à cette grande dame. »

V

La confession du 21 septembre

La vocation de Jorge Mario Bergoglio a démarré par un appel fulgurant dont on peut savoir la date et l'heure exactes. Même si, comme souvent, il y aura toujours quelqu'un pour dire que son choix était prévisible, nous devons croire le principal intéressé qui parle de cet appel comme d'un événement bouleversant. Quelque chose qui a fait irruption de façon inattendue, à un moment déterminé. Un Dieu qui est venu le chercher avant que lui ne le cherche.

Le futur pape avait 17 ans et se préparait à fêter la « Journée de l'étudiant », une fête pour le début du printemps, c'est-à-dire, dans l'hémisphère sud, le 21 septembre. À cette époque, Jorge Mario avait un penchant pour une jeune fille de l'Action catholique. « Oui, il y avait un groupe d'amis avec qui nous allions danser. Puis j'ai découvert la vocation religieuse », a raconté Bergoglio dans *El Jesuita*.

Ce 21 septembre, ses amis et lui prévoient d'aller à la campagne. Avant de les retrouver, sans raison particulière, Jorge se rend dans sa paroisse, à l'église San José de Flores. Là, il rencontre un prêtre qui fait preuve d'une grande spiritualité. Le jeune homme décide de se confesser à lui. Et durant cette confession, Jorge Mario « découvre » sa vocation religieuse ; il se rend compte qu'il est appelé. Sa vie vient d'être bouleversée. À tel point qu'il décide de ne pas rejoindre ses amis qui l'attendent à la station ferroviaire. Il préfère rentrer chez lui, parce que, au fond de lui, il a décidé de se faire prêtre.

« Durant cette confession, il m'est arrivé quelque chose de rare — je ne sais pas quoi exactement —, mais ce fut quelque chose qui a changé ma vie. Je dirais que c'est comme si on m'avait surpris alors que j'avais baissé la garde », a raconté Bergoglio aux journalistes Rubin et Ambrogetti. « Ce fut la surprise, la stupéfaction d'une rencontre ; je me suis rendu compte qu'on m'attendait. Telle est l'expérience religieuse : la stupéfaction de rencontrer quelqu'un qui t'attend. À partir de ce moment, Dieu est devenu pour moi celui qui te précède. Tu le cherches et c'est Lui qui, le premier, te cherche. On veut le rencontrer, mais Lui vient, le premier, à notre rencontre. »

Mais Bergoglio ajoute un autre point, destiné à devenir le cœur de son activité de prêtre, d'évêque, et maintenant de pape. Ce ne fut pas seulement, en réalité, « la stupéfaction d'une rencontre » à l'origine de sa vocation religieuse, mais la façon miséricordieuse avec laquelle Dieu l'a appelé.

La sœur du nouveau pape a raconté qu'à cette époque Jorge était sur le point de se déclarer à une jeune fille. « À ce moment-là, c'est vrai, il avait une fiancée éventuelle ; il me l'a raconté lui-même mais sans jamais me dire son nom. Elle faisait partie de son groupe d'amis, ceux du pique-nique. En ce jour de printemps, le 21 septembre, il voulait lui faire sa déclaration. Mais si je continue à vous raconter tout ça, mon frère finira par m'excommunier… » Au lieu donc de faire sa déclaration durant la sortie à la campagne avec ses amis, il se rend à sa paroisse et comprend que sa voie — ou mieux, celle que Quelqu'un lui indique — est autre.

Il n'est pas entré au séminaire immédiatement après cet appel. Quatre années se sont encore écoulées. La décision était prise, mais il la gardait pour lui. « La chose s'est arrêtée là pour le moment », confirme-t-il. Jorge continue à travailler dans le laboratoire d'analyses, achève ses études, et ne parle encore à personne de sa volonté de devenir prêtre. « J'ai vécu l'expérience de la solitude, une "solitude passive", de ces solitudes dont on souffre sans raison apparente, comme une crise ou encore un deuil. » C'est comme si cet appel bouleversant, accompagné d'une expérience de la miséricorde, avait eu besoin de mûrir.

« Mon esprit n'était pas fixé sur les questions religieuses », a-t-il raconté dans le livre d'entretiens, « j'avais des préoccupations politiques, qui ne dépassaient pas le stade de la pensée. Je lisais *Nuestra palabra y proposito*, un journal du parti communiste, et j'étais fasciné par les articles des hommes de la culture les plus importants... Mais je ne suis jamais devenu communiste. »

Dans les années qui suivent, avant son entrée au séminaire, Jorge tombe gravement malade. À l'âge de 21 ans, il risque de mourir d'une infection pulmonaire. Dans un accès de fièvre, Jorge embrasse sa mère et lui demande, désespéré : « Dis-moi ce qui est en train de m'arriver ! » Regina Maria ne sait pas quoi répondre, les médecins sont désemparés. On lui diagnostique une pneumonie grave et les examens cliniques révèlent la présence de trois kystes. Une fois l'infection neutralisée, et après s'être quelque peu rétabli, Jorge doit subir l'ablation du lobe supérieur du poumon droit. Les semaines de convalescence sont difficiles, et les douleurs, terribles, en raison de la méthode utilisée à l'époque pour retirer le liquide qui s'accumule dans le poumon.

Le jeune Bergoglio, en convalescence à l'hôpital, supporte mal les phrases de circonstance que lui adressent amis et parents venus lui rendre visite : « Tu verras que ce sera bientôt fini » ; « Tu verras comme ce sera bien quand tu pourras retourner à la maison. » Aucune de ces paroles réconfortantes ne peut atténuer la douleur qu'il a à supporter. Tout change avec l'arrivée d'une visiteuse particulière, qui laisse tomber les phrases toutes faites. C'est une sœur, la religieuse qui l'avait préparé à sa première communion.

Son nom est sœur Dolores. « Elle m'a dit quelque chose qui m'a beaucoup frappé et qui m'a procuré une grande paix : "Voilà que tu imites Jésus" ». À la lumière de ces paroles, même la souffrance quotidienne prenait un éclairage différent. Elle avait un sens. « La souffrance », comme l'explique Bergoglio dans le livre *El Jesuita*, « n'est pas une vertu en soi, mais la façon dont on la vit peut être vertueuse. Notre vocation est la plénitude et le bonheur, et dans cette quête, la souffrance est une limite. C'est pourquoi, on ne comprend le sens de la souffrance, en vérité, qu'à travers la souffrance du Dieu fait homme, Jésus Christ. »

À ce propos, le futur pape se rappelle le dialogue entre un agnostique et un croyant écrit par le romancier Joseph Malègue. Pour l'agnostique, le problème résidait dans le fait que le Christ n'était pas Dieu ; pour le croyant, le problème consistait en ce qui serait arrivé si Dieu ne s'était pas fait Christ, c'est-à-dire si Dieu ne s'était pas incarné, s'il n'était pas venu sur terre pour donner un sens à notre cheminement. « C'est pourquoi », explique Bergoglio, « la clef est de considérer la croix comme semence de résurrection. Toute tentative pour soulager la souffrance n'obtiendra que des résultats partiels si elle ne se fonde pas sur la transcendance. C'est un don que de comprendre et vivre la souffrance en plénitude. Et encore plus : vivre dans la plénitude est un don. »

Bergoglio croit que même l'Église, à certains moments de son histoire, a donné trop d'importance à la souffrance. Et il rappelle à ce sujet que son film préféré est *Le festin de Babette*, sorti en 1987, écrit et réalisé par Gabriel Axel, et tiré du récit homonyme de Karen Blixen. « On y voit un cas typique d'exagération des limites et des interdits. Les personnages vivent dans un calvinisme puritain exacerbé, à tel point que la rédemption du Christ est vécue comme une négation des choses de ce monde. Quand survient la fraîcheur de la liberté, l'abondance d'un dîner, tous se trouvent transformés. Cette communauté, à dire vrai, ne savait pas ce qu'était le bonheur. Elle vivait écrasée par la souffrance, tournée vers l'aspect sombre de la vie. Elle avait peur de l'amour. »

C'est pour la même raison que la *Crucifixion blanche* de Chagall est un des tableaux préférés du pape : « Elle n'est pas cruelle, mais pleine d'espérance. La souffrance y est montrée avec sérénité. Je trouve que c'est l'une des plus belles œuvres de Chagall. » Pour Bergoglio, « la vie chrétienne consiste à témoigner avec joie, comme le faisait Jésus. Sainte Thérèse disait qu'un saint triste est un triste saint. » Et la personne qui souffre a avant tout besoin « de savoir que quelqu'un l'accompagne, l'aime, respecte son silence et prie pour que Dieu entre dans cet espace de pure solitude ».

Entre-temps, la vocation mûrit dans le cœur de Bergoglio qui finit par entrer au séminaire, chez les jésuites. « La Compagnie de Jésus m'a attiré car elle était l'avant-garde de l'Église, où l'on utilisait un langage militaire et où régnaient obéissance et discipline. Je l'ai choisie aussi parce qu'elle était orientée vers l'activité missionnaire. J'ai peu à peu nourri le dessein de partir comme missionnaire au Japon, où les jésuites accomplissent depuis toujours une œuvre importante. Mais en raison du sérieux problème de santé qui me suivait depuis ma jeunesse, je n'en ai pas eu l'autorisation : combien ici auraient été "débarrassés" de moi si on m'avait envoyé là-bas ? », se rappelle, avec ironie, le futur pape.

La réaction des parents de Jorge est différente. « J'ai parlé avec mon père et il a très bien réagi. Il était même très heureux. Il m'a seulement demandé si j'étais sûr de ma décision. On a dit plus tard que ma mère, en bonne mère, avait pressenti que je deviendrais prêtre. Mais sa réaction, en réalité, a été différente : "Je ne sais pas, je ne te vois pas là… Tu devrais attendre un peu, continuer à travailler, finir tes études…" La vérité est que ma mère l'a mal pris. Mon père m'a davantage compris. Il avait hérité de sa mère une culture religieuse très forte. »

La sœur du pape, Maria Elena, interviewée par le quotidien *La Repubblica*, confirme : « Quand il a terminé le lycée et qu'il est devenu technicien en chimie, Jorge a dit à ma mère qu'il voulait faire des études de médecine. Alors maman a décidé de ranger la mansarde qu'il y avait au-dessus de la terrasse de notre maison pour lui permettre d'étudier en paix, loin de nous. Un jour, cependant, elle est montée pour y faire le ménage et elle n'y a trouvé que des livres de théologie. Quand mon frère est rentré à la maison, elle lui a demandé pourquoi il avait menti. Je n'ai jamais pu oublier sa réponse : "Je ne t'ai pas menti maman", a-t-il répondu avec calme, "je t'ai dit que je voulais étudier la médecine, mais la médecine de l'âme." Elle l'a très mal pris parce qu'elle a compris qu'elle allait bientôt le perdre. Papa, au contraire, était content : si ça n'avait tenu qu'à lui, tous ses enfants seraient devenus prêtres et religieuses. »

L'attitude de la mère n'a pas changé immédiatement. « Quand je suis entré au séminaire, ma mère ne m'a pas accompagné, elle n'a pas voulu venir », raconte Bergoglio. « Elle n'a pas accepté cette décision pendant des années. Nous n'étions pas fâchés ; simplement, j'allais la voir à la maison et elle ne venait pas me voir au séminaire. Et quand elle a finalement accepté, elle l'a fait en gardant une certaine distance. Elle venait me voir au noviciat de Córdoba et me disait que c'était une décision qui nécessitait beaucoup de temps pour mûrir. » Mais Jorge rappelle comment sa mère, une vraie croyante, s'est agenouillée devant lui à la fin de sa cérémonie d'ordination pour lui demander sa première bénédiction.

« La vocation religieuse », raconte Bergoglio dans le livre d'entretiens, « est un appel de Dieu à un cœur qui l'attend, consciemment ou inconsciemment. J'ai toujours été impressionné par le passage de l'Évangile dans lequel on lit que Jésus posa son regard sur Matthieu d'une manière qu'on pourrait traduire par : “en lui offrant la miséricorde et en le choisissant”. C'est exactement de cette façon que je me suis senti regardé par Dieu durant cette confession », celle qui est à l'origine de sa décision de devenir prêtre. « *Misericordiándolo y eligiéndolo* » (littéralement : « Lui faire miséricorde et le choisir »), telle est la devise que Bergoglio choisira pour sa consécration épiscopale. C'est aussi le cœur de son message : le service de la miséricorde et le choix des personnes qui reposent sur ce précepte : « Sache que quelqu'un t'aime, qu'il t'appelle par ton nom, qu'il t'a choisi. L'unique chose qu'on te demande, c'est de te laisser aimer. »

Don Lorenzo Vecchiarelli, curé de la paroisse de l'église romaine de San Timoteo, connaît le pape depuis sa jeunesse : ils habitaient tous les deux à Buenos Aires et fréquentaient le même groupe d'amis. Il a rappelé sur l'antenne de Radio Vatican qu'il avait, au cours d'une fête, aperçu le jeune Bergoglio se tenant à l'écart, pensif. Quand il lui en avait demandé la raison, Bergoglio avait répondu : « Demain, j'entre au séminaire ! »

« Ce dont je me souviens de lui, quand nous étions jeunes », a-t-il raconté, « c'était sa simplicité et son sérieux. À un moment, j'ai ressenti l'élan qui le poussait à entrer au séminaire qui m'a moi-même inspiré à le suivre sur cette voie : lui est entré chez les jésuites, et moi, chez les salésiens. »

Une fois entré au séminaire de Villa Devoto, Bergoglio devient, le 11 mars 1958, novice de la Compagnie de Jésus. Il achève son noviciat au Chili et, en 1963, de retour à Buenos Aires, il obtient une licence de philosophie à la faculté de San Miguel. De 1964 à 1965, il enseigne la littérature et la psychologie à l'université de l'Immaculée de Santa Fe, et en 1966 il enseigne les mêmes matières à l'université del Salvador de Buenos Aires. Il est ordonné prêtre le 13 décembre 1969, alors qu'il étudie la théologie à la faculté de San Miguel, où il obtient son diplôme l'année suivante. Après avoir passé sa troisième probation à Alcalá de Harenas, en Espagne, il prononce sa profession perpétuelle le 22 avril 1973. Il est désormais un père jésuite.

VI

UN PRÊTRE SOUS LA DICTATURE

Le curriculum de Jorge Mario Bergoglio est atypique. Dans les années soixante-dix et quatre-vingt, le futur pape mène de front son travail d'enseignant, son activité pastorale en paroisse et la direction spirituelle. Après avoir été pendant trois ans maître des novices à la Villa Barillari, à San Miguel, professeur et recteur de la faculté de théologie — où, devons-nous rappeler, il cuisinait pour ses étudiants —, Bergoglio est élu Provincial des jésuites d'Argentine, une charge qu'il exerce pendant six ans.

C'est la période cruciale de la dictature de Jorge Rafael Videla, qui a conservé le pouvoir en Argentine de 1976 à 1981, après un coup d'État contre Isabel Perón. Son régime sera marqué par la violation systématique des droits de l'homme, l'enlèvement, la torture et l'assassinat de milliers de personnes, ces soi-disant opposants au régime qu'on appelle les *desaparecidos*. De fausses accusations ont été lancées contre le Provincial Bergoglio à propos du comportement qu'il aurait eu pendant ces années de dictature à l'égard de deux confrères jésuites. Le dossier mensonger avait déjà surgi à la veille du conclave de 2005 ; il a refait surface à peine François est apparu à la loggia centrale de la basilique Saint-Pierre.

Les accusations viennent du journaliste argentin Horacio Verbitsky qui, dans ses livres, impute au futur pape deux fautes graves. Tout d'abord, d'avoir mis à l'écart les jésuites Orlando Yorio et Francisco Jalics car la dictature voyait d'un mauvais œil leur action dans les *favelas.* Ensuite, et c'est beaucoup plus grave, d'avoir collaboré avec le régime de Videla. À l'époque des faits, Bergoglio était le Provincial des jésuites, mais il n'avait aucune charge à haute responsabilité au sein de l'Église d'Argentine. Par conséquent, on ne peut affirmer, comme on l'a écrit, qu'« il exerçait, en tant que jésuite, un immense pouvoir sur les communautés ecclésiales de base qui œuvraient dans les bidonvilles de Buenos Aires ».

La justice argentine, par ailleurs assez peu complaisante envers l'Église catholique, s'est emparée de l'affaire. Aucune charge n'a été retenue contre Bergoglio dans l'enquête sur les enlèvements, par les militaires, de bébés et d'enfants de *desaparecidos*, ni dans celle concernant les horreurs survenues à l'Escuela de Mecánica de la Armada (ESMA), le tristement célèbre camp d'extermination des opposants et centre de « maternités clandestines » où au moins six mille personnes ont trouvé la mort. Les accusations de Verbitsky ont été reprises par *Página 12*, un quotidien unanimement considéré comme l'organe officiel de la présidence de la République d'Argentine. Selon Verbitsky, les deux prêtres jésuites auraient accusé Bergoglio de les avoir remis aux mains des militaires. Capturés en mai 1976, ils sont restés emprisonnés pendant cinq mois. Au cours de la même opération, l'armée a également arrêté quatre femmes catéchistes dont deux avec leur mari. On ne les a jamais retrouvés.

Verbitsky est revenu à la charge après l'élection du pape François, en affirmant avoir trouvé un document dans lequel le Provincial Bergoglio aurait qualifié de « subversifs » les deux confrères jésuites. Le document vient cependant démentir les accusations du journaliste : d'abord parce que ce texte est postérieur à la libération des jésuites, ensuite parce que rien n'y dit que Bergoglio les considérait comme des « subversifs ». Enfin, il révèle que les deux prêtres n'ont pas été chassés de la congrégation par le Provincial, comme l'affirme Verbitsky, mais qu'ils ont eux-mêmes demandé à la quitter. La requête a été refusée dans le cas du père Jalics car il avait déjà fait sa profession solennelle. Il est donc resté jésuite.

Mais il y a plus encore. Il apparaît clairement que le soidisant document accablant contre Bergoglio a été rédigé à partir de rumeurs, par un homme employé à la direction des affaires religieuses du ministère de l'Intérieur. La surveillance et la falsification étaient une des spécialités de la junte militaire argentine. Enfin, le document comporte des informations inexactes concernant les procédures internes de la Compagnie de Jésus : une preuve supplémentaire qu'il s'agit d'un faux.

« En résumé », observe Matteo Luigi Napolitano, un historien qui a étudié ce dossier, « le document publié par *Página 12* ne vient pas de Bergoglio, il ne reflète pas sa pensée, et il peut légitimement être considéré comme un document “de régime” produit par le pouvoir dictatorial de manière à contrôler l'opposition et à démontrer qu'il recevait le soutien de l'Église argentine. »

Jorge Ithurburu, président de l'Association 24 Mars, qui s'est constituée partie civile dans les procès contre les militaires argentins, avait déjà soutenu que les accusations de Verbitsky étaient fausses, dans une interview accordée au quotidien italien *Il Sole 24 Ore* : « La responsabilité de l'Église catholique comme organisation est une chose, et celle des individus en est une autre. À l'époque, Bergoglio n'était même pas évêque et il n'y a aucune preuve de sa responsabilité individuelle. »

Pourquoi donc padre Jorge a-t-il demandé aux deux prêtres, qui ont refusé d'obéir, de quitter les communautés ecclésiales de base des *favelas* où ils étaient engagés ? Évidemment, écrit Napolitano, « il pressentait ce qui allait arriver. Peu après le coup d'État, les deux jésuites ont été enlevés et emprisonnés dans l'enceinte de l'ESMA (Escuela de Mecánica de la Armada, l'école pour les officiers de la Marine transformée en lieu de détention et de torture). Ils ont été relâchés six mois plus tard environ. »

Pour Ithurburu, il est « évident que l'épisode peut être interprété de deux façons : on peut penser que les supérieurs des deux jésuites sont responsables de les avoir laissés seuls, ou bien que les mêmes supérieurs sont intervenus pour obtenir leur libération. Je pencherais vers la seconde hypothèse : l'ESMA ne libérait jamais personne au hasard, tandis que personne dans l'Église n'admettra jamais qu'une tractation secrète ait été engagée. L'Église ne parle pas de ces choses-là. La libération des deux prêtres demeure cependant un fait. »

Le 15 mars 2013, le porte-parole du Vatican, Federico Lombardi, a lui aussi parlé de « campagnes de calomnie et de diffamation », d'« étalage anticlérical » contre le pape. Il a ajouté qu'il « n'y a jamais eu d'accusation concrète crédible… La justice argentine a interrogé Bergoglio une fois en tant que témoin des faits, mais elle ne l'a jamais mis en cause. Lui, de son côté, a nié les accusations en s'appuyant sur des preuves. Il existe de nombreux témoignages sur ce qu'il a fait pour protéger des personnes contre le régime. »

Un document secret, conservé à Washington, sur ces années de tyrannie, vient confirmer de manière indirecte les mots du porte-parole du Vatican. « Ce document, écrit Napolitano, rapporte textuellement (en espagnol) les déclarations du général Videla lui-même, auteur du coup d'État. Videla, au lendemain de sa prise de pouvoir, observe que "la situation actuelle du pays est caractérisée par un mauvais gouvernement, le chaos, la corruption, mais qu'il existe aussi des courants d'opinion publique et de convictions politiques qui sont profondément enracinés, avec une classe ouvrière qui se situe en dehors du courant dominant… avec une Église catholique alarmée, mais néanmoins encore déterminée à dénoncer tout excès contre la dignité humaine" (Defense Intelligence Agency, *Forwarding of Spanish Documents*, "March 25, 1976 : Philosophy and Bio of LTGEN Jorge Rafael Videla", 24 mars 1976, p. 1, National Security Archive) ».

Une Église argentine qui, aux dires de Videla, était « encore déterminée à dénoncer tout excès contre la dignité humaine » : ce n'est pas tout à fait le portrait que trace Horacio Verbitsky. En disant cela, on ne veut pas affirmer qu'il n'y pas eu de collusions ou d'erreurs commises, mais seulement montrer une réalité plus complexe que ne la décrit le dossier anti-Bergoglio dont dispose la presse internationale depuis les premiers instants de son pontificat. Il est même envisageable que quelqu'un l'ait remis, comme c'est souvent le cas à l'occasion des élections pontificales, à certains cardinaux. Sans aucun résultat toutefois.

L'accusation a été démentie, peu après l'élection du pape, par le témoignage direct du père Jalics : dans un article publié sur le site Internet de la Province allemande des jésuites, il livre sa version des faits. Elle mérite d'être entendue : « Je vivais à Buenos Aires depuis 1957. En 1974, mû par le désir intérieur de vivre l'Évangile et d'attirer l'attention sur une pauvreté terrible, avec la permission de l'archevêque Aramburu et du Provincial padre Jorge Mario Bergoglio, je suis allé, en compagnie d'un confrère, habiter dans une *favela*, un des quartiers les plus pauvres de la ville. Tout en vivant là, nous avons continué à enseigner à l'université. Pendant ces années-là, l'Argentine traversait une sorte de guerre civile. En l'espace de deux ans, environ trente mille personnes — des guérilleros de gauche aussi bien que des civils — ont été assassinées par la junte militaire. »

« Comme nous vivions dans un quartier extrêmement pauvre, » poursuit le jésuite, « nous n'avions jamais de contacts avec la junte ni avec la guérilla. À cette époque, les informations circulaient difficilement ou elles étaient habilement déformées, et c'est à cause de fausses informations que notre situation en est venue à être mal interprétée, y compris au sein de l'Église. C'est durant cette période que nous avons perdu contact avec un de nos collaborateurs laïcs car il avait rejoint la guérilla. Neuf mois plus tard, les soldats de la junte l'ont capturé et l'ont soumis à des interrogatoires. C'est ainsi que les militaires ont appris que, dans le passé, cette personne avait été en contact avec nous. »

« Ils ont alors supposé que nous avions un rapport avec la guérilla », explique père Jalics, « et nous avons été tous les deux arrêtés. On nous a interrogés pendant cinq jours. Après ces cinq jours, l'officier qui avait dirigé notre interrogatoire est venu nous dire au revoir avec ces mots : "Mes pères, vous n'êtes coupables de rien. Je me chargerai de votre cas et ferai en sorte que vous puissiez retourner habiter dans le quartier pauvre où vous avez choisi de vivre." Et pourtant, malgré cette promesse, nous n'avons pas été libérés. Pour des raisons qui nous ont échappé, nous avons été gardés en détention, menottés, les yeux bandés, pendant cinq mois. Je ne peux pas vous dire quel rôle a joué padre Bergoglio dans cette histoire. Une fois remis en liberté, j'ai quitté l'Argentine. »

Comment le futur pape a-t-il répondu aux trente-trois questions des magistrats argentins en avril 2011 ? Le document a été publié par le quotidien italien *Avvenire* : « J'ai fait tout ce qui était en mon pouvoir à cette âge-là (moins de 40 ans, N.D.L.R.) et avec le peu de relations que j'avais, afin d'intercéder pour faire libérer les personnes séquestrées », a raconté Bergoglio. Les résultats de l'enquête ont confirmé ses dires et, à la différence d'autres prêtres qui ont été interrogés, Bergoglio n'a jamais été mis en examen.

« Nous avons examiné avec beaucoup d'attention » les accusations portées contre le pape actuel François, a expliqué au quotidien *La Nación* German Castelli, l'un des trois juges du procès contre les militaires de l'ESMA. « Nous avons vérifié toutes les données et nous sommes arrivés à la conclusion qu'aucune charge ne pouvait être retenue contre Bergoglio. »

Il y a deux ans, celui qui était alors cardinal de Buenos Aires a déclaré avoir rencontré « deux fois le général Videla et l'amiral Emilio Massera ». Pour ses détracteurs, ces deux rencontres sont la preuve qu'il a collaboré avec le régime. En réalité, le futur pape voulait « savoir quel aumônier militaire célébrait la messe » dans les centres de torture. Une fois que Videla en personne lui a donné son nom, Bergoglio réussit à persuader le prêtre-soldat de se faire passer pour malade afin de le remplacer. C'est bien là la preuve que le jésuite n'avait pas confiance en certains hommes d'Église et qu'il avait décidé de prendre, seul, des risques, comme lorsqu'il permit à « un jeune qui me ressemblait beaucoup » de fuir le pays « en lui donnant ma carte d'identité et en l'habillant comme un prêtre : c'est seulement ainsi que je pouvais lui sauver la vie ».

Bergoglio s'est enquis personnellement auprès de Videla du sort des prêtres qui avaient été arrêtés. « Dire que Jorge Bergoglio a livré ces prêtres est absolument faux », a répété le juge Castelli. Le futur pape a confié à un ami « avoir fait des choses relevant de la pure folie » pendant les cinq mois de détention de ses confrères jésuites. « Je ne suis jamais allé dans les lieux de détention, sauf une fois », a raconté Bergoglio aux juges, « quand je me suis rendu avec d'autres dans une base aéronautique près de San Miguel, dans la localité de José C. Paz, pour m'inquiéter du sort d'un *muchacho*. »

Les accusations reprises à des fins politiques les premiers jours suivant l'élection du pape François, tout comme le dossier contenant ces mêmes accusations qui aurait été remis à certains cardinaux, sont « une canaillerie », pour reprendre le terme employé par Julio Strassera, procureur historique du procès contre la junte militaire. « Tout cela est absolument faux », insiste-t-il. La magistrature argentine est reconnue comme la plus progressiste d'Amérique latine ; des organisations telles qu'Amnesty International le confirment. Elle n'a jamais fait de faveur à l'Église, comme le démontre l'épisode impliquant le père Christian von Wernich, aumônier de la police, condamné il y a six ans pour son implication dans sept homicides, quarante-deux séquestrations et trente et un épisodes de torture.

Parmi les principaux « accusateurs » de Bergoglio, il y a quelques ex-guérilleros *montoneros*. « Bien qu'ils aient su que la voie de la violence pouvait causer le coup d'État, ils ont suivi cette voie avec acharnement », affirme Loris Zanatta, professeur d'histoire d'Amérique latine à l'université de Bologne, dans son livre publié récemment aux éditions Laterza. « Quand les militaires ont pris le pouvoir », écrit le chercheur, « ils pensaient que le peuple allait s'insurger. Mais le peuple, qui était en réalité épuisé par des années de violence et de bataille idéologique, n'a pas bougé au moment de la prise de pouvoir de Videla. »

Un des chefs des guérilleros *montoneros* était justement Horacio Verbitsky. Curieusement, ce dernier, qui était un proche de Nestor Kirchner, s'est attaqué à Bergoglio dans un de ses livres, en 2005, après que l'archevêque de Buenos Aires s'est opposé au président argentin. Kirchner qualifiait Bergoglio de « chef véritable de l'opposition ».

Enfin, il vaut la peine de rappeler que le prix Nobel de la Paix Adolfo Pérez Esquivel, grand opposant à la junte militaire, a rapidement pris fait et cause pour Bergoglio. Il a déclaré dans un entretien à la BBC que l'homme d'Église « n'avait pas de liens avec la dictature argentine. Certains évêques ont été complices de la dictature, mais pas Bergoglio. Cela fait l'objet de débats parce qu'on dit qu'il n'a pas fait le nécessaire pour faire sortir de prison deux prêtres quand il était Provincial des jésuites. Je tiens pour sûr que de nombreux évêques réclamaient à la junte la libération de prêtres, qui n'était cependant jamais accordée. »

Une dernière preuve : la lettre que le Provincial des jésuites a envoyée en 1976 à Franz Jalics, le frère d'un des deux prêtres enlevés. Elle a été reprise en mars 2013 par le *Frankfurter Allgemeine Zeitung* : « J'ai entrepris plusieurs actions auprès du gouvernement afin que votre frère soit libéré. À ce jour, nous n'avons eu aucun résultat, mais je n'ai pas perdu l'espoir qu'il soit relâché… Je ferai tout ce que je peux pour qu'il soit libéré. J'ai fait de cette affaire MON affaire, et les désaccords que nous avons eus votre frère et moi sur la vie religieuse n'ont rien à voir avec cela. »

La sœur du pape, Maria Elena, dans une interview avec le quotidien italien *La Stampa*, a dit à propos de ces accusations : « Cela vous paraît possible ? Cela serait revenu à trahir ce que notre père nous a enseigné en faisant ce choix de vie difficile. Mon frère a protégé et aidé beaucoup de personnes persécutées par la dictature. Les temps étaient sombres et la prudence était de mise, mais son engagement envers les victimes est avéré. »

L'archevêque de Buenos Aires, le futur pape, s'est associé avec les autres évêques du pays, en septembre 2000, pour demander pardon aux Argentins pour l'attitude adoptée par les ecclésiastiques durant la dictature : « Parce que, à différents moments de notre histoire, nous avons été indulgents envers des positions totalitaires, qui violaient les libertés démocratiques et la dignité humaine. Parce que, par des actions et des oublis, nous avons discriminé plusieurs de nos frères, sans nous engager suffisamment dans la défense de leurs droits. Nous supplions Dieu, Seigneur de l'histoire, d'accepter notre repentir et de guérir les blessures de notre peuple. Ô Père, nous avons le devoir de te rappeler ces actions dramatiques et cruelles. Nous te demandons pardon pour le silence des responsables et pour la participation de plusieurs de tes fils dans une telle lutte politique, dans la violence contre les libertés, dans la torture et dans la délation, dans la persécution politique et dans l'intransigeance idéologique, dans les luttes et les guerres, dans la mort absurde qui a couvert de sang notre pays. Père de bonté et d'amour, pardonne-nous, et accorde-nous la grâce de rétablir les liens sociaux et de guérir les blessures encore vives au sein de ta communauté. »

VII

UN CARDINAL DANS LE MÉTRO

Cet homme qui, en ce lointain 21 septembre, s'est senti touché par la miséricorde et choisi pour la vie sacerdotale durant une confession, comment vit-il la prière ?

« Prier, pour moi, est d'une certaine façon un abandon », raconte Bergoglio dans le livre d'entretiens *El Jesuita*, « dans lequel tout notre être s'offre à la présence de Dieu. C'est là que se réalisent le dialogue, l'écoute, la transformation. Porter son regard sur Dieu, mais par-dessus tout se laisser regarder par Lui. Cela se produit, pour moi, quand je récite le rosaire ou les Psaumes, ou quand je célèbre l'eucharistie. Toutefois, je dois dire que je vis la plus grande partie de mon expérience religieuse quand je demeure, pour un temps prolongé, devant le tabernacle. Des fois je m'assoupis, dans la position assise, et je me laisse regarder. J'ai le sentiment d'appartenir à un autre, comme si Dieu me prenait par la main. Je crois qu'il est important de parvenir à l'altérité transcendantale du Seigneur, qui est le Seigneur de toutes choses mais qui, en tout temps, n'en respecte pas moins notre liberté. »

Jorge Mario Bergoglio continue à se considérer comme le premier à avoir besoin de cette miséricorde qu'il prêche et dont il témoigne. « La vérité est que je suis un pécheur que la miséricorde de Dieu a appelé d'une manière privilégiée. Depuis ma jeunesse, la vie m'a confié des missions de direction spirituelle — à peine ordonné prêtre, j'ai été désigné comme maître des novices, et deux ans et demi plus tard, comme Provincial — et j'ai dû apprendre chemin faisant, à partir de mes erreurs, car j'en ai commises. Erreurs et péchés. Ce serait hypocrite de dire qu'en ce jour je demande pardon pour les péchés et les offenses que je pourrais avoir commis. Aujourd'hui, je demande pardon pour les péchés et les offenses que j'ai effectivement commis. »

« Ce qui me chagrine », raconte encore Bergoglio aux deux journalistes, « c'est de ne pas avoir été en maintes occasions compréhensif et bon. Dans ma prière du matin, au moment des intentions de prière, je demande à être compréhensif et bon, et je poursuis ensuite en demandant un tas d'autres choses qui sont en rapport avec mes erreurs de parcours. »

Le nouveau pape a enseigné pendant longtemps. Dans son style d'éducation, la rencontre avec l'autre est un élément essentiel. Dans le même livre, Bergoglio en donne un exemple : « Je me souviens qu'au début des années quatre-vingt-dix, alors que j'étais vicaire de Flores, une jeune fille d'un collège de Villa Sodati, qui était en quatrième ou cinquième année, s'est retrouvée enceinte. C'était une des premières fois que cela survenait à l'école. Il y avait différents avis sur la manière de faire face à la situation ; certains allaient jusqu'à envisager d'expulser la jeune fille, mais personne ne s'interrogeait ni ne se souciait de ce qu'elle ressentait. Elle avait peur des réactions et ne voulait pas qu'on l'approche. Jusqu'à ce qu'un jeune enseignant, marié et père de famille, un homme que je respecte beaucoup, se propose d'aller lui parler pour chercher avec elle une solution. Il alla la voir pendant une récréation, il lui donna un baiser, lui prit la main et lui demanda avec douceur : "Alors, tu vas devenir maman ?" Elle s'est mise à pleurer sans pouvoir s'arrêter. Cette proximité l'a aidée à s'ouvrir et à parler plus en détail de ce qui était arrivé. Et cela lui a permis de trouver une solution réfléchie et responsable : elle n'a pas gâché sa scolarité pour se retrouver à élever seule un enfant mais elle n'est pas non plus passée pour une héroïne auprès de ses camarades — car c'était un risque — pour avoir décidé de rester enceinte.

L'enseignant, en allant à sa rencontre, a ainsi pu témoigner de sa situation. Il a pris le risque que la jeune fille lui réponde : "Et en quoi ça te concerne ?", mais sa grande humanité et sa bienveillance étaient de son côté. Quand on veut éduquer seulement à partir de principes théoriques, sans penser à la personne qui est devant nous, on tombe dans un fondamentalisme qui ne sert à rien, parce que les jeunes ne se sentent pas accompagnés par un témoignage de vie et de proximité. »

Bergoglio en tire une leçon pour les confesseurs. Il leur demande, lorsqu'ils entrent dans le confessionnal, de n'être ni trop sévères ni laxistes. « Le rigoriste est celui qui applique la norme, et rien de plus : la loi c'est la loi, un point c'est tout. » Le laxiste « met la loi de côté : elle n'a pas d'importance ni de conséquences… continue comme ça ! » Le problème, explique le futur pape, « est qu'aucun des deux ne se soucie de celui qui est en face de lui ». Et donc, que doivent faire les confesseurs ? « Être miséricordieux ».

Quiconque connaît padre Bergoglio sait à quel point la relation, la rencontre, l'attention à la personne sont importantes pour lui. On le comprend mieux à travers cette anecdote qu'il relate. Alors qu'il était évêque auxiliaire de Buenos Aires, il devait un jour prendre le train pour se rendre dans un couvent situé hors de la ville où il donnait un cours sur les exercices spirituels. L'heure approchant, il avait quitté son bureau de l'archevêché pour passer prier quelques minutes à la cathédrale. Sur le chemin, un jeune, qui paraissait psychologiquement fragile, s'est approché de lui pour lui demander s'il pouvait le confesser. Il était comme ivre, probablement sous l'influence de quelque sédatif ou antidépresseur. « Moi, un témoin de l'Évangile, je lui dis : "Un prêtre arrive bientôt, tu pourras te confesser à lui, moi, j'ai autre chose à faire." » Bergoglio savait que ce prêtre allait arriver beaucoup plus tard. « Je suis parti, mais après quelques pas, j'ai ressenti une honte terrible. J'ai rebroussé chemin et j'ai dit au jeune homme : "Le prêtre est en retard, je vais te confesser." Après sa confession, je l'ai amené devant la Sainte Vierge pour la prier de le protéger. Puis je suis finalement parti pour la gare, pensant avoir manqué le départ. Mais il y avait du retard et j'ai quand même pu prendre mon train. Au retour, je ne suis pas rentré directement chez moi, mais chez mon confesseur, parce que je ressentais le poids de ce que j'avais fait : "Si je ne me confesse pas, je ne pourrai pas célébrer la messe demain…" »

Pour Bergoglio, le retard du train était un « signe du Seigneur, qui me disait : "Tu vois que c'est moi qui dirige." Combien de fois dans la vie il convient de s'arrêter, de ne pas vouloir tout régler d'un coup ! » Il faut avoir de la patience, ne pas avoir la prétention de trouver une solution à tout, et « relativiser un peu la mystique de l'efficacité ».

En mars 1986, padre Bergoglio se rend en Allemagne, à Munich, en Bavière, pour terminer sa thèse de doctorat. À son retour, ses supérieurs l'affectent à l'université del Salvador et donc à l'Église de la Compagnie de Jésus à Córdoba, comme directeur spirituel et confesseur. Il confesse beaucoup et continuera à le faire une fois évêque. La nomination comme évêque de Buenos Aires arrive par surprise quelques années plus tard.

Nous sommes le 13 mai 1992. Padre Bergoglio entretient de bons rapports avec le nonce apostolique en Argentine, Mgr Ubaldo Calabresi. Il demeurera lié à la famille du prélat, même après la mort de ce dernier et, au cours de chaque voyage à Rome, il réservera toujours un dîner ou un déjeuner à la sœur du nonce. Calabresi consulte Bergoglio régulièrement, pour demander des informations sur les prêtres qui pourraient être candidats à l'épiscopat. Ce jour-là cependant, il l'appelle et demande à le voir en personne. Comme la compagnie aérienne effectuait dans la foulée le vol aller puis retour entre Buenos Aires, Córdoba et Mendoza, Calabresi « me proposa que nous nous retrouvions à l'aéroport le temps que l'avion aille de Córdoba à Mendoza et en revienne. C'est donc là que nous avons eu notre conversation — c'était le 13 mai. Il me consulta sur diverses questions, et quand l'avion, déjà revenu de Mendoza, était sur le point de repartir pour Buenos Aires, il m'informa : "Ah… une dernière chose… le nouvel évêque auxiliaire de Buenos Aires a été nommé et la nomination sera rendue publique le 20…" C'est ainsi qu'il me l'apprit. »

Bergoglio se fige, comme pétrifié, sous le coup de l'émotion, comme à chaque nouvelle heureuse ou malheureuse. C'est ainsi que débute son activité d'évêque auxiliaire du cardinal Antonio Quarracino. Il ne change rien à son style — la proximité avec les personnes, la simplicité de sa vie, le refus des mondanités.

Dans le livre d'entretiens *El Jesuita*, il raconte comment s'est passée, cinq ans plus tard, sa nomination comme évêque coadjuteur de Buenos Aires, passant d'auxiliaire à évêque désigné pour la succession du cardinal devenu gravement malade. « J'étais vicaire général du cardinal Quarracino et quand il a demandé un évêque coadjuteur à Rome, je lui ai à mon tour demandé d'être envoyé comme auxiliaire dans un vicariat de la région de Buenos Aires… Mais le 27 mai 1997, en milieu de matinée, le nonce Calabresi m'appela et m'invita à déjeuner. Alors que nous en étions au café et que j'allais le remercier et prendre congé, je l'ai vu apporter un gâteau et une bouteille de champagne. J'ai pensé que c'était son anniversaire et j'étais sur le point de lui offrir mes vœux… “Non, ce n'est pas mon anniversaire”, me répondit-il avec un grand sourire, “ce qu'on célèbre c'est votre nomination en tant que nouvel évêque coadjuteur de Buenos Aires.” »

Au moment où il passe d'évêque coadjuteur à archevêque, à la mort de Quarracino, le 28 février 1998, Bergoglio peut déjà compter sur le respect des clercs de la ville, en particulier les plus jeunes. Tous les prêtres de Buenos Aires apprécient son humanité, sa simplicité, ses sages conseils, qui ne disparaissent pas une fois qu'il devient le pasteur de l'archidiocèse. Il fait installer une ligne téléphonique directe pour que ses prêtres puissent l'appeler en cas de problème. Il ne doit pas y avoir de barrières, de secrétaires, de filtres. L'évêque est disponible pour son clergé à tout instant.

Bergoglio continue à passer des nuits à la paroisse, il assiste personnellement les prêtres malades, reste des heures à l'hôpital à leur chevet. Au début, il refuse d'aller vivre dans l'élégante résidence archiépiscopale d'Olivos et demeure dans un plus petit appartement. Puis il finit par occuper une modeste chambre à coucher du palais. Il aime encore cuisiner pour ses hôtes et n'éprouve aucune gêne à faire la vaisselle. Il accueille chez lui et prend soin d'un évêque auxiliaire âgé qui a besoin d'assistance.

Il continue à répondre personnellement aux appels téléphoniques, à tenir personnellement l'agenda des audiences. Il n'a pas de secrétaire particulier, mais il a recours aux services de différents collaborateurs et de quelques religieuses. Il continue à se déplacer en bus — qu'il préfère parce que depuis le bus on peut voir les gens dans la rue — ou en métro. Les habitants de la capitale apprennent à le connaître et à le reconnaître. Il s'habille simplement. Quand il voyage, Jorge Mario — qui aime se définir comme « un prêtre qui aime être prêtre » — ne se sépare jamais de son agenda, où sont notés à la main les numéros de téléphone des amis et connaissances. Et il apporte toujours avec lui son bréviaire dans lequel il conserve une lettre ainsi que le testament de sa grand-mère, écrit avant son ordination sacerdotale, au cas où elle mourrait avant la cérémonie. « Je suis très attaché à mon bréviaire », a-t-il raconté dans *El Jesuita*, « c'est le premier livre que j'ouvre le matin et le dernier que je ferme avant de m'endormir. » S'y trouve également, glissé entre les pages, le texte de la poésie en piémontais *Rassa nostrana* de Nino Costa.

À la demande des journalistes qui l'interviewaient, Bergoglio avait ouvert le bréviaire et leur avait lu la lettre de sa grand-mère : « En ce beau jour où tu peux tenir dans tes mains consacrées le Christ Sauveur et où s'ouvre devant toi un vaste chemin pour un apostolat plus profond, je te laisse ce modeste présent de valeur matérielle infime, mais de valeur spirituelle très élevée. » En même temps que cette lettre, la grand-mère, qui était bien présente à l'ordination de padre Jorge, a écrit un bref testament, dans lequel on lit : « Que mes petits-fils et mes petites-filles, auxquels j'ai donné le meilleur de mon cœur, aient une vie longue et heureuse ; mais si un jour la souffrance, la maladie, ou la perte d'une personne aimée les remplit d'affliction, qu'ils se rappellent qu'un soupir devant le tabernacle, où se trouve le plus grand et le plus auguste martyr, et qu'un regard vers Marie au pied de la croix, peuvent faire tomber une goutte de baume sur les blessures les plus profondes et les plus douloureuses. »

En 2001, Jean-Paul II le crée cardinal. C'est un consistoire historique pour l'Église, celui du plus grand nombre de nouveaux cardinaux. À propos de l'austérité de Bergoglio, on raconte qu'il n'a pas voulu s'acheter de nouveaux habits rouges, préférant faire ajuster ceux qu'avait laissés son prédécesseur. À cette occasion, l'archevêque invite ses compatriotes qui veulent l'accompagner à Rome à ne pas le suivre et à reverser l'argent qu'aurait coûté le voyage au bénéfice des pauvres. Il en fera de même après l'élection papale.

Le cardinalat est l'occasion pour lui de retourner à ses origines piémontaises. « Oui, quand il a été nommé cardinal », raconte sa sœur Maria Elena, « nous sommes allés à Portacomaro, le village d'origine de mon père. J'avoue que ce fut émouvant. L'endroit est magnifique, et nous avons fait ensemble le tour des collines alentour. Mais voir la maison où mon père était né, le jardin où il jouait enfant, la cave où notre oncle faisait le vin : c'est indescriptible, une émotion qu'on ne peut communiquer par la parole. »

L'Église de Bergoglio est ouverte et missionnaire. Interviewé en 2007 par Stefania Falasca pour le mensuel *30 Giorni*, le futur pape explique : « Je ne dis pas que les systèmes pastoraux sont inutiles. Au contraire. En soi tout ce qui peut conduire aux chemins de Dieu est bon. À mes prêtres, j'ai dit : "Faites tout ce que vous devez faire, vous connaissez vos devoirs ministériels : prenez vos responsabilités et laissez la porte ouverte." Nos sociologues religieux nous disent que l'influence d'une paroisse s'étend sur un rayon de six cents mètres. À Buenos Aires, environ deux kilomètres séparent chaque paroisse. J'ai alors dit aux prêtres : "Si vous le pouvez, louez un local et, si vous trouvez un laïc disponible, qu'il y aille ! Qu'il demeure auprès de ces gens, qu'il fasse un peu de catéchèse et qu'il donne même la communion si on le lui demande." Un curé m'a dit : "Mais mon père, si nous faisons cela, les gens ne viendront plus à l'église ensuite." "Mais pourquoi ?" lui ai-je demandé. "Viennent-ils à la messe maintenant ?" "Non", a-t-il répondu. Et alors ! Sortir hors de soi c'est aussi sortir de l'enceinte du jardin des convictions personnelles inamovibles, si celles-ci risquent de devenir un obstacle, si elles ferment l'horizon de Dieu. Et cela vaut aussi pour les laïcs… »

Le nouveau pape considère que la cléricalisation des laïcs est une erreur : « Les prêtres cléricalisent les laïcs et les laïcs nous prient d'être cléricalisés… C'est une complicité condamnable. Seul le baptême devrait suffire. Je pense à ces communautés chrétiennes du Japon qui sont restées sans prêtres pendant plus de deux cents ans. Quand les missionnaires y retournèrent, ils étaient tous baptisés, tous mariés en règle à l'église et tous leurs défunts avaient eu droit à des funérailles catholiques. La foi était demeurée intacte par le don de la grâce qui avait rempli de joie la vie de ces laïcs, qui n'avaient reçu que le baptême et avaient quand même vécu leur mission apostolique en vertu de ce seul baptême. On ne doit pas avoir peur de dépendre seulement de Sa tendresse. »

À ce propos, dans l'entretien accordé à *30 Giorni*, il invitait à se rappeler l'épisode biblique du prophète Jonas : « Jonas avait les idées claires. Sur Dieu, sur le bien et le mal. Sur ce que Dieu fait et sur ce qu'il veut, sur ceux qui étaient fidèles à l'Alliance et sur ceux qui, au contraire, ne l'étaient pas. Il avait la recette pour être un bon prophète. Et Dieu fait brusquement irruption dans sa vie. Il l'envoie à Ninive. Ninive est le symbole de tous les isolés, de tous les perdus, des tréfonds de l'humanité. De tous ceux qui se tiennent en dehors, au loin. Jonas comprend que la tâche qui lui est confiée consiste à dire à tous ces hommes que les bras de Dieu sont encore ouverts, qu'il est là à les attendre, pour les guérir par son pardon et les nourrir de sa tendresse. C'est seulement pour cela que Dieu l'a envoyé. Il l'envoie à Ninive, mais lui au contraire s'enfuit vers la région opposée, vers Tarsis. »

« Il fuyait peut-être une mission difficile ? » demande Stefania Falasca. « Non », répond Bergoglio, « ce qu'il fuyait, ce n'était pas tellement Ninive mais plutôt l'amour démesuré de Dieu pour les hommes. Cela ne cadrait pas avec ses plans. Dieu était venu une fois… "Et je m'occupe du reste" : c'est ce que Jonas s'était dit. Il voulait faire les choses à sa manière, tout diriger, quoi ! Son obstination l'enfermait dans ses préjugés, dans ses méthodes préétablies, dans ses opinions convenues. Il avait entouré son âme de fil barbelé avec ces certitudes qui, au lieu de laisser Dieu l'ouvrir aux autres, avaient fini par assourdir son cœur. Comme la conscience isolée endurcit le cœur ! Jonas ne savait plus comment Dieu, le Père, conduisait son peuple. »

« Nos certitudes », poursuit le futur pape, « peuvent devenir un mur, une prison qui enferme l'Esprit saint. Celui qui éloigne sa conscience du chemin du peuple de Dieu ne connaît pas la joie de l'Esprit saint porteur de l'espérance. C'est le risque encouru par la conscience isolée, par ceux qui, depuis le monde clos de leur Tarsis, se lamentent au sujet de tout ou, sentant leur propre identité menacée, se lancent dans des batailles qui ne tournent finalement qu'autour d'eux-mêmes. »

À Buenos Aires, Bergoglio a été un archevêque populaire, au sens premier de « proche du peuple ». Ses messes célébrées dans les *barrios* populaires de la capitale argentine en sont la preuve. En août 2008, durant la fête de San Cayetano, le futur pape a dialogué avec les gens dans son homélie : « Je vous pose une question : l'Église est-elle un lieu ouvert seulement aux bons ? "Nooon !" Y a-t-il de la place pour les méchants aussi ? "Ouiii !!!" Ici, est-ce qu'on chasse quelqu'un parce qu'il est méchant ? Non, au contraire, on l'accueille avec un plus grand amour. Et qui nous l'a enseigné ? Jésus nous l'a enseigné. Imaginez alors à quel point le cœur de Dieu est patient avec chacun de nous. »

On retrouve des exemples de ce qu'est l'« Église du peuple » voulue par Bergoglio, l'Église qui « facilite » la foi des personnes au lieu de la « réglementer », dans un autre entretien accordé en 2009 par le cardinal à l'ami journaliste Gianni Valente, publié dans *30 Giorni*. « Il y a quelques jours, justement, j'ai baptisé les sept enfants d'une femme seule, une veuve pauvre, qui travaille comme domestique et qui a eu ses enfants avec deux hommes différents. Je l'avais rencontrée l'an passé, à la fête de San Cayetano. Elle m'avait dit : "Mon père, je suis coupable d'un péché mortel, j'ai sept enfants et je ne les ai jamais faits baptiser." C'était dû au fait qu'elle n'avait pas l'argent pour faire venir les parrains et marraines de loin, ou pour payer la fête, parce qu'elle devait toujours travailler… Je lui ai proposé de nous revoir pour en parler. Nous nous sommes appelés et elle est venue me voir en me disant qu'elle n'arrivait pas à réunir en même temps tous les parrains et marraines… À la fin, j'ai dit : faisons tout avec deux parrains ou marraines seulement, qui représenteront tous les autres. Ils sont tous venus ici, et après une brève catéchèse, je les ai baptisés dans la chapelle de l'archevêché. Après la cérémonie, nous avons offert un rafraîchissement, un coca-cola et des sandwichs. Elle m'a dit : "Mon père, je ne peux pas le croire, grâce à vous je me sens importante…" Je lui ai répondu : "Mais madame, qu'est-ce que j'ai à voir là-dedans ? C'est Jésus qui vous rend importante." »

Pour Bergoglio, il est primordial de rappeler le principe de base exprimé dans le dernier Code de droit canonique : la loi suprême est le salut des âmes. À propos du refus, à son grand désespoir, de certains prêtres de son diocèse de baptiser des enfants nés hors mariage, il dit : « L'enfant n'est pas responsable de l'état matrimonial de ses parents. Et puis, souvent, le baptême des enfants devient pour les parents aussi un nouveau commencement. D'habitude on fait une brève catéchèse avant le baptême, d'environ une heure ; puis une catéchèse mystagogique durant la liturgie. Ensuite, les prêtres et les laïcs vont rendre visite à ces familles, pour poursuivre avec eux la pastorale post-baptismale. Et il arrive souvent que les parents qui n'étaient pas mariés à l'église demandent à célébrer le sacrement du mariage devant l'autel. Parfois il arrive que les clercs et les laïcs qui les accompagnent prennent une attitude quasi “patronale”, comme si la décision d’accorder ou non les sacrements leur revenait. »

« Ici, la piété populaire », explique le futur pape, « veut que les enfants soient baptisés le plus vite possible. On fait alors appel à des hommes ou des femmes qui se font appeler “baptiseurs” pour baptiser les enfants dès leur naissance, en attendant que le prêtre arrive pour achever le rite en procédant, entre autres, à l’onction d’huile sainte. »

Citant le texte final, auquel il a grandement participé, des travaux de la conférence d’Aparecida — la rencontre de l’épiscopat latino-américain qui s’est tenue au Brésil en mai 2007 —, le futur pape invite à se comporter en missionnaires.

« La conférence d’Aparecida nous a incités à annoncer l’Évangile en allant trouver les gens, et non en restant à attendre qu’ils viennent vers nous. La ferveur missionnaire ne requiert aucun événement extraordinaire. C’est dans la vie ordinaire que se fait la mission. Et le baptême, dans tout cela, sert d’exemple. Les sacrements s’adressent au commun des mortels, des hommes et des femmes qui ne font peut-être pas de grands discours mais dont le *sensus fidei* saisit la réalité des sacrements avec plus de clarté que ne réussissent à le faire un bon nombre de spécialistes. »

Pour Bergoglio, l’Église ne peut être réservée à une élite. Et il ne peut y avoir une Église pure, celle d’une minorité, par opposition à une Église de masse, peuplée de toutes ces personnes pour lesquelles le christianisme est fait d'un petit nombre de choses élémentaires et de pratiques essentielles. Le nouveau pape n'est pas d'accord avec ceux dont la rigueur exclut les non-pratiquants du baptême et des autres sacrements.

C'est pourquoi il dit qu'il faut « regarder les gens non pas pour ce qu'ils devraient être mais pour ce qu'ils sont, et voir ainsi ce qu'il est nécessaire de faire. Sans recettes ni prévisions, mais dans un geste généreux d'ouverture. Dieu a parlé pour les blessés et les fragiles. Permettre au Seigneur de parler… Dans un monde que nous ne réussissons pas à intéresser avec les paroles que nous disons, seule Sa présence qui nous aime et qui nous sauve peut intéresser. La ferveur apostolique se renouvelle si nous sommes témoins de Celui qui nous a aimés le premier. »

VIII

Les *villas miserias* et « l'impérialisme de l'argent »

L'austérité du nouveau pape est devenue proverbiale à Buenos Aires. Alberto Barlocci a rappelé dans la revue *Popoli* cette anecdote : des participants à une rencontre interreligieuse ont été surpris d'être accueillis par le cardinal lui-même, qui les attendait, seul, au portail. Et lui, avec son sens de l'humour mêlé de franchise, leur a dit : « Qu'est-ce qu'un cardinal doit faire sinon ouvrir les portes ? »

La proximité de l'évêque Bergoglio avec son peuple, en particulier les indigents, les plus faibles, les pauvres et les malades, a été un trait caractéristique de son épiscopat. « Il a célébré pour nous d'innombrables messes, parmi les *cartoneros* (ceux qui ramassent les cartons dans les ordures), parmi les chômeurs, dans les *villas miserias* », commente Emilio Persico, un parlementaire profondément engagé dans l'action sociale. « Il a toujours eu un mot pour nous. »

Bergoglio s'est toujours montré proche de l'Église « des frontières » ; il a envoyé des prêtres dans les *villas miserias*, en assurant leur formation et en les soutenant. Et surtout en leur rendant visite.

Cette proximité et ses discours sur la pauvreté et sur la justice sociale ont souvent été interprétés, par le gouvernement de Nestor Kirchner puis par celui de sa femme, Cristina, comme des reproches adressés au monde politique. Irrités par les homélies qu'il prononçait dans la cathédrale de Buenos Aires à l'occasion du *Te Deum* du mois de mai pour l'anniversaire de l'indépendance, les Kirchner ont fini par assister à la célébration annuelle dans d'autres diocèses.

Le pape a eu des mots durs pour décrire la situation de la capitale argentine : « À Buenos Aires, l'esclavage n'a pas été aboli. Ici, il y a des gens qui travaillent encore comme travaillaient les esclaves », a-t-il dit devant les membres de l'ONG La Alameda, un groupe d'activistes qui lutte contre la traite des femmes à des fins sexuelles et contre le travail forcé dans bon nombre d'ateliers textiles clandestins ou parmi les saisonniers qui font les vendanges et les récoltes de fruits.

Le 30 décembre 2004, une journée torride de fin d'année à Buenos Aires, s'est conclu tragiquement par un incendie dans la discothèque Cromañón, où avait lieu un concert de rock. Un feu de Bengale a déclenché l'incendie qui s'est propagé à toute vitesse : à la fin, on comptait presque cent morts et une centaine de personnes intoxiquées. La ville, une fois de plus, était frappée durement par l'absence de contrôles, par la corruption et l'irresponsabilité : les exploitants de la salle avaient bloqué les sorties de secours avec des chaînes. « Bergoglio », écrit Alberto Barlocci dans *Popoli*, « a voulu que l'Église accompagne ce moment de douleur. Pour plusieurs personnes frappées par la tragédie, cette présence fut une consolation et pour certains même une occasion de revenir à une foi qu'ils semblaient avoir perdue. Pour un très grand nombre, ce fut la rencontre avec une Église proche, amie, sœur et mère. »

« La même chose s'est produite l'an passé en février, quand la négligence, l'irresponsabilité et la corruption ont provoqué la tragédie ferroviaire de la station Once, en plein centre-ville : cinquante et un morts et une centaine de blessés. Une fois de plus, l'archevêque de Buenos Aires a su mettre l'Église au service des gens pauvres, contraints de voyager dans les pires conditions. »

Au début du nouveau millénaire, l'Argentine a connu une terrible débâcle économique et financière. En décembre 2001, le pays a été secoué par de graves désordres sociaux : un grand nombre de familles se sont retrouvées à la rue. Un jour, Bergoglio, devenu cardinal depuis peu, aperçoit de la fenêtre de l'évêché la police qui arrête une femme sur la place de Mai. L'archevêque prend son téléphone et appelle le ministre de l'Intérieur ; on lui passe le secrétaire à la sécurité. Et Bergoglio lui demande s'il sait faire la différence entre l'agit-prop et les gens qui réclament simplement aux banques de récupérer leur argent.

Le futur pape a parlé de cette période en janvier 2002 dans un long entretien avec Gianni Valente publié dans *30 Giorni*. Il y rappelait ce que les évêques argentins avaient dit au peuple sur les tenants et aboutissants de cette crise inédite : « la conception magique de l'État, la dilapidation de l'argent du peuple, le libéralisme extrême à travers la tyrannie du marché, l'évasion fiscale, le non-respect de la loi aussi bien dans son observance que dans la manière de la dicter et de l'appliquer, et la perte du sens du travail. En un mot, une corruption généralisée qui mine la cohésion de la nation et lui fait perdre du prestige aux yeux du monde. Tel est le diagnostic. Et au fond, la racine de la crise argentine est d'ordre moral. »

« Il y a eu à cette époque », racontait le cardinal, « un véritable terrorisme économique et financier. Qui a eu comme conséquences facilement observables l'augmentation du nombre de riches, l'augmentation du nombre de pauvres et la nette diminution de la part de la classe moyenne. Et d'autres conséquences, moins liées à la conjoncture, comme le désastre éducatif. À ce moment-là, il y avait, dans la ville et dans la périphérie de Buenos Aires, deux millions de jeunes qui n'étudiaient pas et ne travaillaient pas. Devant la façon barbare avec laquelle s'est faite en Argentine la mondialisation, l'Église de ce pays s'est sans cesse référée aux indications du magistère papal. Nous nous référons, par exemple, aux critères exposés avec clarté dans l'allocution de Jean-Paul II, *Ecclesia in America.* »

Il y a de cela plus de quatre-vingts ans, dans l'encyclique *Quadragesimo anno*, écrite peu après la crise de 1929, le pape Pie XI avait qualifié d'« impérialisme international de l'argent » le modèle d'économie de spéculation capable de ruiner en un instant des millions de familles. Bergoglio y voit « une formule qui sera toujours d'actualité et qui s'enracine dans la Bible. Quand Moïse monte sur la montagne pour recevoir la loi de Dieu, le peuple pèche par idolâtrie en fabriquant le veau d'or. Aujourd'hui, l'impérialisme de l'argent affiche un visage idolâtre non équivoque. C'est curieux comment l'idolâtrie côtoie toujours l'or. Et là où il y a idolâtrie, on élimine Dieu et la dignité de l'homme, créé à l'image de Dieu. »

« Ainsi », poursuit l'archevêque de Buenos Aires, « le nouvel impérialisme de l'argent a même réduit de moitié le travail, le moyen par lequel s'exprime la dignité de l'homme, sa créativité, qui est à l'image de la créativité de Dieu. L'économie de spéculation n'a même plus besoin du travail, elle ne sait plus quoi en faire. On idolâtre l'argent qui se fabrique à partir de lui-même. C'est pourquoi on n'éprouve aucun remords à transformer en chômeurs des millions de travailleurs. » Une vision de la réalité que les évêques ont tiré de la doctrine sociale de l'Église et des grands documents de l'épiscopat latino-américain.

« À cet égard, les documents de Puebla sont importants. La Conférence des évêques latino-américains à Puebla a marqué une rupture. On s'est mis à regarder l'Amérique latine à la lumière de sa propre tradition culturelle. On s'est mis à voir, parallèlement aux systèmes politiques et économiques, la bonté et la richesse des ressources religieuses et spirituelles caractérisant nos peuples, qui s'exprime par exemple dans la religiosité populaire que Paul VI avait déjà glorifiée dans la lettre apostolique *Evangelii nuntiandi* (n° 48). »

« L'expérience chrétienne n'est pas idéologique », souligne Bergoglio, « elle est définie par cette totale originalité qui naît de l'étonnement dans la rencontre avec Jésus Christ, de l'émerveillement au sujet de la personne de Jésus Christ. Et cela, notre peuple le conserve et le manifeste dans la piété populaire. Aussi bien les idéologies de gauche que cet impérialisme économique de l'argent aujourd'hui triomphant viennent effacer l'originalité de la rencontre avec Jésus Christ, que tellement de gens de notre peuple vivent encore dans la simplicité de leur foi. »

Les mots sur le rôle joué par la communauté et les organismes financiers internationaux ne sont pas moins durs : « Il ne me semble pas qu'ils mettent au centre de leur réflexion l'homme, malgré de belles paroles. Ils indiquent toujours aux gouvernements leurs directives rigides, parlent toujours d'éthique, de transparence, mais ils sont dépourvus de bonté. »

Le futur pape indiquait ainsi la voie à suivre pour sortir de la crise : « Dans notre volonté commune de sortir de la crise en Argentine, on garde à l'esprit tout ce qu'enseigne la Tradition de l'Église, qui reconnaît dans l'oppression du pauvre et la fraude salariale deux péchés qui crient vengeance devant Dieu. Ces deux expressions du péché sont tout à fait d'actualité dans le magistère de l'épiscopat argentin. Nous sommes lassés des systèmes qui produisent des pauvres pour qu'ensuite l'Église s'en occupe. Dans ces circonstances, les évêques ont réagi en ouvrant dans les paroisses un réseau bien organisé de cantines pour les enfants et pour les adultes de plus en plus nombreux à vivre dans la rue. La hiérarchie catholique a aussi accepté de s'asseoir à la table de la réconciliation, mais en se gardant bien d'endosser un rôle moralisateur. »

« Nous avons tous péché », a dit le président de la Conférence épiscopale Estanislao Esteban Karlic.

« Nous faisons partie de notre peuple », observait Bergoglio, « nous participons avec lui au péché et à la grâce. Nous pouvons annoncer la gratuité du don de Dieu seulement si nous avons fait l'expérience de la gratuité du pardon de nos péchés. En 2000, l'Église argentine a aussi traversé une période de pénitence et de demande de pardon à la société, entre autres choses pour le rôle qu'elle a joué sous la dictature. Aucun secteur de la société argentine n'a demandé pardon d'une manière comparable. »

L'Église, concluait le cardinal, a toujours cherché à provoquer « un dialogue entre les différentes parties de la société », elle a participé au dialogue national, même quand ce n'était pas elle qui l'avait convoqué ni dirigé : « L'Église offre une place au dialogue, comme quelqu'un offre sa maison pour que deux frères se rencontrent et se réconcilient. Mais elle n'est pas un lobby, une partie qui intervient dans le dialogue aux côtés d'autres groupes d'intérêt et de pression. »

Et à une époque où la classe dirigeante était totalement déconsidérée, le futur pape précisait : « Il faut revendiquer l'importance de la politique même si les politiciens l'ont discréditée, parce que, comme le disait Paul VI, elle peut être une des formes les plus élevées de la charité. Dans notre pays, par exemple, la pensée liée au modèle économique dominant a fait des ravages sur les deux extrémités de la vie, l'enfance et la vieillesse — les deux âges les plus frappés par la crise —, et a provoqué ainsi des effets dévastateurs dans les domaines de l'éducation, de la santé et de l'assistance sociale. Et un peuple qui ne prend pas soin de ses enfants et de ses personnes âgées perd espoir. »

Sur la façon dont l'Argentine pouvait sortir de la crise, Bergoglio semblait n'avoir aucun doute : « Je crois aux miracles. Et l'Argentine est un peuple grand et beau. Ces ressources spirituelles que notre peuple a conservées sont déjà un début de miracle. Et je suis d'accord avec Manzoni, qui dit : "Jamais le Seigneur n'a commencé un miracle sans l'achever de la bonne manière." Moi, je m'attends à ce que ça finisse bien. »

« On raconte », lit-on dans le livre *El Jesuita*, « que lors d'une de ses fréquentes visites dans les *villas* de Buenos Aires, pendant une rencontre avec un groupe d'hommes de la paroisse… un maçon s'était levé et lui avait dit avec émotion : "Je suis fier de vous, parce que quand je passais par ici avec mes camarades, je vous voyais assis parmi nous, comme un homme ordinaire." »

L'explosion de joie qui a suivi l'élection de padre Bergoglio a été particulièrement forte dans les *villas miserias* : « Maintenant, nous avons un ami à Rome. »

Pour comprendre le pape François, il faut partir du bâtiment couvert de fresques qui abrite la paroisse Nuestra Señora de Caacupé. L'église est dédiée à la Vierge des immigrants paraguayens, tout comme à Charrúa il y a celle de Copacabana vénérée par les Boliviens, ou encore celle argentine à Luján. « La dernière fois que Bergoglio est venu ici », raconte le père Toto à *La Stampa*, « c'était le 8 décembre. Il ne manquait jamais la fête de la Sainte Vierge. Il était de la maison : il célébrait la messe, donnait les sacrements, bénissait même les photos, et ensuite il mangeait avec nous *el locro*, la soupe de viande et de maïs qu'on prépare à l'extérieur en de telles occasions. »

Jessica Araujo ne peut retenir ses larmes quand elle se remémore le 10 novembre dernier : « C'était la première communion de mon fils Maxi. Vous savez comment ça se passe. Je suis tombée enceinte à l'âge de 15 ans, j'ai été obligée d'arrêter l'école, ma vie a changé. Est arrivé cet homme en habits civils qui devait avoir pris le bus, car je n'ai vu aucune grosse voiture à l'extérieur. Puis il a revêtu ses habits de prêtre, et c'est alors que je l'ai reconnu : padre Jorge, venu pour nous donner la première communion. »

Des jeunes comme elle, il y en a des dizaines dans le petit bureau de la paroisse au toit de tôle. Une de ces jeunes filles montre la photo de son mari, au cours du soir, avec celui qui était alors cardinal, et une autre, une photo de la confirmation d'une jeune aveugle. « Il est l'un des nôtres », insiste le père Toto dans son entretien avec l'envoyé de *La Stampa*, Paolo Mastrolilli, « un religieux de cœur, sans apparat. Pensez un peu : hier il a appelé à l'archevêché pour souhaiter son anniversaire à une employée. La pauvre ! Elle était tout émue et a balbutié : "Maintenant, je ne sais même pas comment vous appeler !" Et lui : "Padre Jorge, non ?" Il m'arrivait de voir des paquets de spaghettis dans son bureau pour ses repas qu'il prenait ici et qu'il cuisinait lui-même. La dernière fois que je l'ai vu, c'était avant le conclave ; j'avais besoin qu'il signe en urgence un document : "D'accord", m'a-t-il dit, "mais tu as dix minutes seulement pour tout m'expliquer car je suis sur le point de partir pour Rome." »

Cette Église du peuple, qui se fait proche de ceux qui souffrent, voulue par Bergoglio, a vu le jour au milieu de ces rues que même la police craint de traverser la nuit. « Il est né dans le quartier populaire de Flores », raconte un frère franciscain, Carlos Trovarelli, « et il n'a jamais cessé d'être un homme du peuple. » « J'ai vu de mes propres yeux », dit le père Facundo Beretta Lauria, fier « Calabrais », « comment il a réagi quand les *narcos* ont menacé de mort mon collègue le père Pepe, parce qu'il voulait bannir de nos rues le *paco*, la drogue fabriquée à partir de résidus de cocaïne qui est donnée aux gamins. Il a haussé le ton en nous disant : "Appelez-moi à n'importe quelle heure, quelle que soit la raison, parce que je veux suivre cette histoire personnellement." »

« Il fut un temps », poursuit le père Facundo, qui porte des sandales, un jean et une chemise de prêtre au col déboutonné, « où régnait la confusion : la politique se mêlait un peu de tout. À présent, quand il nous rencontre, Bergoglio insiste toujours sur la même chose : "Ne vous lassez jamais d'être miséricordieux." Et il a raison, parce que lorsque tu joins la foi à la solidarité, c'est le début de la fête, même dans les *villas miserias*. »

Quand Jorge Mario Bergoglio est devenu archevêque, il y avait à Buenos Aires seulement six *curas villeros*, ces prêtres qui vont vivre au milieu des bidonvilles. « Maintenant, nous sommes vingt-quatre », dit le père Facundo, « parce que lui nous soutient concrètement et vient travailler dans la rue avec nous. Il célèbre les messes pour les prostituées de la Plaza Constitución, visite les malades du sida, et reste aussi en relation avec les familles des *desaparecidos*, en espérant toujours qu'au moins la vérité nous libère. Mais comme l'a dit le pape François, nous ne sommes pas une ONG, et tout cela est fait au nom des principes de la foi. »

Dans un entretien publié dans *30 Giorni*, Bergoglio avait dit à propos des *curas villeros* : « Ils travaillent et ils prient. Ce sont des prêtres qui prient. Et ils travaillent à la catéchèse et dans les œuvres sociales. C'est cela qui me plaît. De ce curé qui a été menacé, on dit — et c'est vrai — qu'il a une grande dévotion pour don Bosco. Et c'est précisément le style de don Bosco qui l'anime. »

Le genre de bien que ces prêtres accomplissent, avec le soutien et l'amour de leur évêque devenu pape, on peut le lire dans les yeux de Miriam, une belle jeune fille qui, il y a quelques années, dormait dans les conteneurs à ordures. On lui avait pris ses deux petites filles et elle passait son temps à chercher de l'argent, de toutes les façons possibles, pour se procurer le *paco*, la drogue. « Je croyais qu'il n'y avait plus de salut pour moi. Mais dans la *calle* je rencontrais toujours le curé qui me disait : "*Dios te ama*" ». Maintenant, elle fait le catéchisme et veut devenir aide-soignante pour accompagner les toxicomanes qui veulent guérir.

Pendant la Semaine sainte de 2008, le cardinal Bergoglio est allé célébrer la messe *in Coena Domini* dans les *villas miserias*, et il a lavé les pieds de douze garçons de l'Hogar de Cristo, le centre de réhabilitation pour toxicomanes dans lequel les prêtres des *villas*, témoins de l'Évangile de la miséricorde, redonnent de l'espoir à ceux qui l'avaient perdu.

IX

François : les raisons d'un nom

Jeudi 14 mars, l'après-midi du premier jour de son pontificat, François a concélébré la messe dans la chapelle Sixtine avec les cardinaux qui l'avaient élu. Il n'a pas voulu prononcer le discours programmatique que la Secrétairerie d'État, comme le veut la tradition, avait préparé pour lui. Il l'a laissé de côté. Les programmes viendront plus tard. Le 266e évêque de Rome, élu après un conclave éclair, a parlé sans notes et a commenté l'Écriture. Il a voulu prêcher en restant debout à l'ambon, comme font les curés, et sans mitre sur la tête, au lieu de lire son homélie assis dans la chaire. Il a feuilleté les pages de l'Évangile, et a prononcé avec simplicité des paroles profondes et radicales, mettant l'Église en garde contre le risque de la mondanité spirituelle, que le nouveau pontife a toujours considérée comme « le pire péché dans l'Église ».

La première messe papale de François donne le signal d'un changement en cours. Le nouveau pape ne porte pas les mitres précieuses brodées d'or, toujours plus hautes, qui étaient réapparues au cours des dernières années dans les ornements papaux. Il a choisi la plus simple, en étoffe, comme celle qu'il portait pendant les messes célébrées dans les *villas miserias*, les bidonvilles de Buenos Aires, au milieu de ce peuple qui a toujours vu en lui le visage d'une Église « de proximité », capable de « transmettre et faciliter la foi », de donner de l'espérance. Même les cérémoniaires pontificaux, au nom de la sobriété franciscaine renouvelée, ont dû remiser au placard les vêtements bordés de dentelle.

Une messe simple, donc. Célébrée *pro Ecclesia*, pour l'Église. Sous le spectacle du *Jugement dernier* de Michel-Ange, la fresque qui, quelques heures plus tôt, défilait sous les yeux des cardinaux s'apprêtant, l'un derrière l'autre, le bulletin de vote bien visible dans la main, à élire le successeur de Pierre.

On attendait de savoir ce que le nouveau pape allait dire. Si Benoît XVI en 2005, tout comme Jean Paul Ier et Jean-Paul II en 1978, avait repris l'ébauche de texte émanant de la Secrétairerie d'État, le pape Bergoglio a décidé, lui, de laisser de côté le discours rédigé, selon la tradition, en langue latine. Et il a prêché sans notes. Un signe de plus. François a partagé ses réflexions autour des trois verbes « marcher », « édifier » et « confesser » qu'il a tirés des différentes lectures de la messe. Il a rappelé la consigne dictée par Dieu à Abraham : « Marche en ma présence et sois parfait. » Il a invité à marcher « en présence du Seigneur, à sa lumière, en cherchant à vivre cette perfection que Dieu demandait à Abraham, dans sa promesse ». Paroles qui s'adressent avant tout aux cardinaux, à la Curie romaine, à tous les fidèles.

Puis il a parlé de l'édification de l'Église, des « pierres qui ont de la consistance », des « pierres vivantes, qui ont reçu l'onction de l'Esprit saint ». Il a rappelé qu'il est nécessaire d'« édifier l'Église, l'Épouse du Christ, sur cette pierre angulaire qui est le Seigneur lui-même ». Enfin, la confession de foi. « Nous pouvons marcher autant que nous voulons, nous pouvons édifier tant de choses, mais si nous ne confessons pas Jésus Christ, ça ne va pas », a dit le pape Bergoglio. « Nous deviendrons une ONG d'assistance humanitaire, et non l'Église, Épouse du Seigneur. »

Une allusion au risque que court l'Église de se transformer en ONG était déjà contenue dans l'homélie de la messe *pro eligendo Pontifice* présidée par le cardinal doyen Angelo Sodano, à Saint-Pierre, deux jours plus tôt. La comparaison est avant tout une référence au magistère de Benoît XVI, l'« évêque émérite de Rome » (comme l'a rebaptisé le nouveau pape le soir de son élection), qui avait maintes fois mis en garde contre le fait de réduire la charité « à la solidarité ou à la simple aide humanitaire », tandis que l'évangélisation est l'« œuvre de charité » la plus importante.

Si l'on ne construit pas « sur les pierres », a poursuivi le nouveau pape, il arrive « ce qui se produit pour les enfants sur la plage quand ils font des châteaux de sable : tout s'écroule ». François a cité Léon Bloy : « Celui qui ne prie pas le Seigneur, prie le diable ». Quand « on ne confesse pas Jésus Christ », a-t-il glosé, « on confesse la mondanité du diable, la mondanité du démon ».

Marcher, édifier, confesser. Ce n'est pas toujours facile, a reconnu le pape, « parce que lorsqu'on marche, édifie et confesse, il y a parfois des secousses, il y a des mouvements qui nous ramènent en arrière ». Même Pierre, celui « qui a confessé Jésus Christ », lui a dit : « Je te suis, mais ne parlons pas de la croix. » Et ici, le pape François a prononcé ses phrases les plus radicales : « Quand nous marchons sans la croix, quand nous édifions sans la croix et quand nous confessons un Christ sans croix, nous ne sommes pas disciples du Seigneur : nous sommes mondains, nous sommes évêques, prêtres, cardinaux, papes, mais non disciples du Seigneur. » Il a donc parlé du risque d'une mondanité spirituelle, d'une Église qui, lorsqu'elle ne confesse pas le Christ et sa croix, peut devenir un obstacle à l'évangélisation.

« Je voudrais que tous, après ces jours de grâce », a repris le pape avec simplicité, « nous ayons le courage, justement le courage, de marcher en présence du Seigneur, avec la croix du Seigneur ; d'édifier l'Église sur le sang du Seigneur, qui a été versé sur la croix ; et de confesser l'unique gloire, celle du Christ crucifié. Et ainsi l'Église ira de l'avant. » Une Église qui, pour reprendre avec vigueur sa marche, ne peut oublier la croix et doit être prête à suivre son Seigneur jusqu'au martyre.

Le vendredi 15 mars, François a reçu les cardinaux dans la salle Clémentine. Et il s'est adressé, à travers eux, à toute l'Église pour qu'elle ne cède « jamais au pessimisme, à cette amertume que le diable nous offre chaque jour ». Ce fut une rencontre cordiale et détendue, à laquelle ont aussi participé les cardinaux âgés de plus de quatre-vingts ans exclus du conclave. Le pape est arrivé et s'est assis sur le trône. Ses habituelles chaussures noires étaient visibles au bas de son habit blanc. Il a écouté l'introduction du doyen Angelo Sodano et, quand il s'est levé d'un bon pour le saluer, il n'a pas vu les marches et a failli tomber. Puis il a pris la parole en lisant un texte auquel il a ajouté, de mémoire, une citation d'un Père de l'Église en latin et une autre du poète allemand Hölderlin en langue originale. Il a dit avoir été « submergé d'émotion » durant la première rencontre avec la foule après l'élection. Il a évoqué Benoît XVI avec des mots empreints de tristesse, soulignant en particulier « son humilité et sa douceur », deux traits de caractère que François partage.

Il s'est à chaque fois adressé aux cardinaux en les appelant « frères cardinaux » et il a souligné la beauté de l'expérience du conclave : « Cette communauté, cette amitié, cette proximité nous feront du bien à tous. Et cette connaissance ainsi que cette ouverture mutuelle nous ont facilité l'obéissance à l'action de l'Esprit saint. » François rappelle que c'est justement l'Esprit à l'origine « de toutes les différences au sein des Églises, tel un apôtre de Babel. Mais d'un autre côté, c'est lui qui fait de ces différences une unité harmonieuse. »

Le regard du pape est positif lorsqu'il ordonne aux cardinaux de ne pas céder au pessimisme. Il a même une phrase d'encouragement pour « la moitié d'entre nous » qui « sommes dans un âge avancé » : « La vieillesse est le siège de la sagesse de la vie… Donnons cette sagesse aux jeunes, comme le bon vin qui avec les années devient meilleur. »

Cordial avec tous, rencontrant les cardinaux un à un, le pape rit, plaisante, répond à leurs questions, et à qui lui baise la main il répond par le même geste. Le style franciscain, de toute évidence, devient ici contagieux. Il parle longuement avec le cardinal Ouellet, mais aussi avec le président du Gouvernorat du Vatican Giuseppe Bertello et avec le Hondurien Óscar Rodríguez Maradiaga. Plusieurs cardinaux africains lui demandent de bénir des chapelets et des objets sacrés, et le cardinal Fox Napier lui donne un bracelet de plastique jaune, symbole d'une action de bienfaisance, que François met immédiatement à son poignet.

Après le déjeuner à la Maison Sainte-Marthe, qu'il prend encore avec les cardinaux, changeant de table chaque jour sans qu'il y ait une place préétablie pour lui, François décide d'aller voir son ami le cardinal argentin Jorge Mejía, nonagénaire et victime d'un infarctus deux jours plus tôt. À la clinique Pie XI, il s'entretient une demi-heure avec lui puis bénit les mains du cardiologue et salue médecins et patients avant de repartir.

Une sortie qui rappelle celle de Jean-Paul II au lendemain de son élection, le 17 octobre 1978, pour aller voir son ami évêque Andrzej Deskur à la polyclinique Gemelli.

La machine vaticane, en attente de la reconduction des chefs de dicastères et du changement de l'équipe de collaborateurs, vit au jour le jour. Pour les premiers temps de son pontificat, le pape François demande au maltais Alfred Xuereb, anciennement deuxième secrétaire de Benoît XVI, de devenir son secrétaire particulier. Tous devront s'habituer au style d'un pape qui préfère prendre le bus avec les cardinaux plutôt que d'utiliser la grosse voiture de service. D'un évêque de Rome qui, malgré sa nouvelle charge, voudrait changer le moins possible sa manière de vivre et de témoigner l'Évangile. Certains fastes et certains rites de la cour pontificale semblent, tout à coup, appartenir à une époque révolue.

Le samedi 16 mars, François donne la confirmation de ce nouveau style devant les six mille journalistes et techniciens accrédités pour suivre le conclave qu'il reçoit dans la salle Paul VI. Encore une fois, il ne suit pas vraiment le texte prévu. En expliquant, dans un discours captivant[1], le choix de son nom — celui de François, le *poverello* d'Assise — il annonce ce à quoi il aspire pour son pontificat, « une Église pauvre pour les pauvres ».

Le pape François a aussi demandé aux journalistes qui racontent la vie de l'Église de ne jamais oublier la dimension de la foi. Il les a invités à « connaître toujours davantage la vraie nature de l'Église et aussi son cheminement dans le monde, avec ses vertus et ses péchés ». Et il leur a dit de porter une attention particulière à la vérité, à la bonté et à la beauté : « Cela nous unit, parce que l'Église existe pour annoncer la vérité, la bonté et la beauté en personne, Jésus Christ. »

Dans les passages improvisés, il a glissé une petite phrase qui l'inscrit dans le prolongement du magistère de Ratzinger. François a rappelé que « le Christ, et non le successeur de Pierre, est le centre. Le Christ est le centre et sans lui, Pierre et l'Église n'auraient pas de raison d'exister. » Bref, le pape n'est pas le personnage principal. La rencontre avec les journalistes s'est conclue avec un « Je vous aime ».

1. Voir chap. III, « Le conclave de padre Jorge », p. 73-74.

De nouveau, un vent de fraîcheur a soufflé sur les deux rendez-vous du dimanche suivant. Le matin à 10 heures, François a voulu célébrer la messe dans la petite église de Sainte-Anne, qui se trouve à l'intérieur du Vatican, mais qui est la paroisse des Romains habitant dans le quartier du Borgo Pio. Le pape a prononcé, encore une fois sans se référer à aucune note, une homélie qui peut être considérée comme sa première encyclique : « Le message de Jésus est la miséricorde. Pour moi, je le dis avec humilité, c'est le message le plus fort du Seigneur. »

Nous vivons dans une société qui nous habitue à reconnaître et à assumer de moins en moins nos responsabilités : ce sont toujours les autres qui se trompent. Les gens immoraux sont toujours les autres, les coups sont toujours ceux de quelqu'un d'autre, jamais de nous. Mais nous vivons aussi parfois l'expérience du retour d'un certain cléricalisme qui vise seulement à « régulariser » les vies des personnes, en leur imposant des conditions préalables et des interdits qui étouffent la liberté et alourdissent la vie de tous les jours, déjà pénible. Prompt à condamner plutôt qu'à accueillir. Capable de juger, mais non de se pencher sur les misères humaines. Le message de la miséricorde, cœur de cette première encyclique non écrite du nouveau pape, démolit d'un seul coup les deux clichés.

Le pape François a commenté le passage évangélique de la femme adultère, cette femme que les scribes et les pharisiens voulaient lapider comme prescrit dans la loi mosaïque. Jésus lui sauve la vie et demande à celui qui sera sans péché de lui jeter la première pierre ; ils s'en vont tous. « Moi non plus je ne te condamne pas ; va et désormais ne pèche plus. » Le pontife, en se référant aux scribes et aux pharisiens qui avaient traîné devant le Nazaréen la femme à lapider, a dit : « Parfois, nous prenons plaisir nous aussi à taper les autres, à condamner les autres. »

Le premier et unique pas requis pour faire l'expérience de la miséricorde, a expliqué François, est celui de la reconnaissance de notre besoin de miséricorde. « Jésus est venu pour nous, quand nous reconnaissons que nous sommes pécheurs », a-t-il dit. Il suffit de ne pas imiter ce pharisien qui, se tenant devant l'autel, remerciait Dieu de ne pas être « comme tous les autres hommes ». Si nous sommes ce pharisien, si nous nous croyons justes, « nous ne connaissons pas le cœur du Seigneur, et nous n'aurons pas la joie de ressentir cette miséricorde » ! Celui qui est habitué à juger les autres, à se sentir en règle, à se croire juste et bon, ne ressent pas le besoin d'être embrassé et pardonné. Et il y en a qui ressentent le besoin du pardon, mais qui croient être impardonnables, pour avoir commis trop de mal.

À ce propos, le pape a raconté une conversation qu'il avait eue dans un confessionnal avec un homme qui, en entendant cette parole sur la miséricorde qui lui était adressée, avait répondu à Bergoglio : « Oh, mon père, si vous connaissiez ma vie, vous ne me parleriez pas de la sorte ! J'en ai fait des belles ! » Et le cardinal de répliquer : « Encore mieux ! Va voir Jésus : ça lui fera plaisir que tu lui racontes ces choses ! Lui, il oublie, il a une capacité particulière à oublier. Il oublie, il t'embrasse, il te prend dans ses bras et il te dit seulement : "Moi non plus, je ne te condamne pas : va, et désormais ne pèche plus." C'est le seul conseil qu'il te donne. Après un mois, nous en sommes toujours au même point… Retournons auprès du Seigneur. Le Seigneur ne se lasse jamais de pardonner : jamais ! C'est nous qui nous lassons de lui demander pardon. Alors demandons la grâce de ne pas nous lasser de demander pardon, parce que lui ne se lasse jamais de pardonner. »

Dieu ne se lasse jamais d'accueillir et de pardonner, pourvu seulement que nous reconnaissions avoir besoin de son pardon. Ces paroles simples et profondes du pape François sont une bouffée d'air frais. Pour tellement de monde. Justement parce qu'elles présentent un visage de l'Église qui ne reproche pas aux hommes leurs fragilités et leurs blessures, mais les guérit avec la médecine de la miséricorde.

À la fin de la messe, François a voulu avoir à ses côtés et présenter le père Gonzalo, un jeune prêtre uruguayen qui travaille avec les toxicomanes : « Priez pour lui », a-t-il dit. Ensuite, de façon inattendue, le pape est sorti de l'église pour aller sur le parvis et, tel un simple curé, il a salué un par un tous ceux qui avaient participé à la messe. Un autre geste simple et direct. Mais ce n'était pas assez : par deux fois, le pape a franchi la porte de Sainte-Anne, entrant alors en territoire italien, pour saluer les fidèles assemblés derrière les barrières. La sécurité du Vatican a de quoi s'inquiéter : il est évident que ce pontife a un style à lui et qu'il n'a surtout pas l'intention de se laisser mettre en cage. François a dû abandonner à contrecœur les gens qui continuaient à lui serrer les mains. L'Angélus, son premier Angélus à la fenêtre de l'appartement papal encore inhabité, l'attendait.

Le pape est apparu à la fenêtre à l'heure. Et la première chose qu'il a dite, c'est : « Frères et sœurs, bonjour ! » La place Saint-Pierre était noire de monde, de même que la via della Conciliazione et quelques-unes des rues latérales.

« Après la première rencontre de mercredi dernier, je peux de nouveau adresser mes saluts à tous, et je suis heureux de le faire un dimanche, jour du Seigneur. C'est une belle chose pour nous chrétiens de pouvoir nous parler et nous saluer le dimanche, et aujourd'hui nous le faisons sur une place qui, grâce aux médias, est aux dimensions du monde. »

Le pape commente l'évangile du dimanche : l'épisode de la femme adultère que Jésus sauve de la condamnation à mort. « L'attitude de Jésus est remarquable… Nous n'entendons pas des paroles de condamnation, mais d'amour seulement. » Il est si facile, pour nous, de nous indigner pour les péchés d'autrui, de réclamer des condamnations sans faire notre propre examen de conscience. « Le visage de Dieu est celui d'un Père miséricordieux, qui est toujours patient », dit François. « Il ne se lasse pas de pardonner si nous savons nous tourner vers lui avec un cœur contrit », ajoute-t-il. Il s'agit de reconnaître notre besoin de pardon, en prenant conscience que les gens sans péché n'existent pas.

Il est d'emblée évident que le message de la miséricorde sera central dans son pontificat. Le pape Bergoglio dit avoir été frappé, sur ce thème, par un livre du cardinal Kasper. Il interrompt encore ici le discours préparé et plaisante : « Mais ne croyez pas que je suis ici pour faire la promotion des livres de mes collègues… »

« Mais ce livre », ajoute-t-il, « m'a fait tellement de bien. La miséricorde change le monde. Elle le rend moins froid et plus juste. » Il cite le prophète Isaïe : « Même si vos péchés étaient écarlates, Dieu les rend aussi blancs que la neige. » À un monde qui peine à croire, le nouveau pape veut crier la même annonce qu'il y a deux mille ans, c'est-à-dire que cette miséricorde n'est pas un sentiment mais une personne. Sa façon toute singulière de rappeler l'Incarnation — l'Angélus est précisément la mémoire de l'Incarnation — réside dans un geste maternel : il avance et remue les bras comme pour bercer un enfant et dit : « la Vierge l'a tenu dans ses bras, la miséricorde faite homme, Jésus ».

Le pape évoque une vieille dame qu'il avait confessée quand il était évêque de Buenos Aires, durant une messe célébrée en présence de la statue de la Vierge pèlerine de Fatima. « Elle me dit : "Nous avons tous péché, mais le Seigneur pardonne tout." Et moi de dire : "Mais, grand-mère, comment le savez-vous ?" Elle me répondit ainsi : "Si le Seigneur ne pardonnait pas tout, le monde n'existerait pas." "Mais, grand-mère, vous avez fait vos études à la Grégorienne ?" » François rappelle que « nous aussi nous devons apprendre à être miséricordieux envers tous » et, par deux fois, avant de saluer, il répète : « N'oubliez pas ces paroles : Dieu ne se lasse jamais de nous pardonner ; mais nous, parfois, nous oublions de demander pardon. » Une supplication pour ne pas céder au désespoir.

Le mardi 19 mars, c'est sous le soleil que le pape François inaugure solennellement son pontificat. La liturgie est simple, mais entièrement en latin. Le patriarche œcuménique de Constantinople, Bartholomée Ier, est présent pour la première fois. Au premier rang, se trouve également le grand rabbin de Rome, Riccardo Di Segni. Le pape sort sur la place avec trois quarts d'heure d'avance, pour la traverser en long et en large sur la Jeep blanche, de façon à pouvoir saluer tout le monde. Il la fait arrêter quand il aperçoit une personne gravement malade. Il descend pour la réconforter doucement. Au début de la cérémonie, il reçoit le pallium papal, l'étole en laine d'agneau qui symbolise la brebis que Jésus a portée sur ses épaules, et un nouvel anneau : il est en argent plaqué or.

Quiconque s'attendait à une grande homélie programmatique pour la messe d'inauguration du pontificat aura été bien surpris. Le pape François parle de la foi, de la force et de la tendresse d'un saint à qui il voue une très grande dévotion et que l'Église fête précisément en ce jour : saint Joseph. C'est lui le modèle dont le nouvel évêque de Rome veut s'inspirer.

« N'oublions jamais que le vrai pouvoir c'est le service. Et pour exercer le pouvoir, le pape aussi doit entrer de plus en plus dans ce service qui a atteint son sommet lumineux sur la croix ; il doit contempler le service humble, concret, riche de foi, de saint Joseph et, comme lui, ouvrir les bras pour protéger l'ensemble du peuple de Dieu et accueillir affectueusement l'humanité entière, spécialement les plus pauvres, les plus faibles, les plus petits… Seul celui qui sert avec amour sait protéger ! »

Voilà le programme du pontificat : « servir » humblement, en retournant à l'essentiel, pour communiquer la miséricorde d'un Dieu qui s'est sacrifié sur la croix. Servir concrètement. Et puis « protéger » en ouvrant les bras et en accueillant avec tendresse toute l'humanité, et en particulier les pauvres, les petits, les faibles.

Après avoir adressé une pensée à son prédécesseur Joseph Ratzinger, dont c'est la fête, et après avoir salué les délégations présentes en citant explicitement les représentants de la communauté juive, le nouveau pape décrit la figure de saint Joseph. Prêchant debout, sans mitre sur la tête, il souligne que la mission confiée par Dieu au charpentier de Nazareth est celle de « gardien ».

Joseph a vécu sa vocation de gardien « dans l'attention constante à Dieu, ouvert à ses signes, disponible pour son projet et non pour le sien propre ». Il s'est laissé guider « par la volonté de Dieu, et précisément pour cela, il est encore plus sensible aux personnes qui lui sont confiées, il sait lire avec réalisme les événements, il est attentif à ce qui l'entoure et il sait prendre les décisions les plus sages ».

Les chrétiens, comme Joseph, gardent le Christ dans leur vie « pour protéger les autres, pour protéger la Création ». Mais le pape François rappelle que la « vocation de gardien » s'applique à tous, et pas seulement aux chrétiens. « Il s'agit de protéger l'ensemble de la Création, la beauté de la Création… d'avoir du respect pour toute créature de Dieu et pour le milieu où nous vivons. Il s'agit de protéger les gens, d'avoir soin de tous, de chaque personne, avec amour, spécialement des enfants, des vieillards, de ceux qui sont plus fragiles et qui souvent sont à la périphérie de notre cœur. »

Il s'agit aussi, poursuit le pape, de « prendre soin l'un de l'autre dans la famille : les époux se gardent mutuellement, et puis, une fois parents, ils prennent soin des enfants, et avec le temps les enfants deviennent eux-mêmes gardiens des parents. C'est vivre avec sincérité les amitiés, qui sont une protection réciproque et intime, dans le bien et le respect. Au fond, l'homme est gardien de tout cela, et c'est une responsabilité qui nous concerne tous ».

Quand « l'homme délaisse cette responsabilité », alors « la destruction prend place et le cœur se dessèche ». À toutes les époques de l'histoire, dit le pape, « on trouve des "Hérode" qui ont des projets de mort, qui détruisent et défigurent le visage de l'homme et de la femme ». François demande ensuite « à tous ceux qui occupent un rôle de responsabilité dans le domaine économique, politique ou social », comme à tous les hommes, d'être « "gardiens" de la Création, du dessein de Dieu inscrit dans la nature, gardiens de l'autre et gardiens de l'environnement ; ne permettons pas que des signes de destruction et de mort accompagnent la marche de ce monde qui est le nôtre ! »

Mais pour être capable de « garder », explique François, il faut éviter « que la haine, l'envie, l'orgueil » ne viennent gâcher la vie. Le pape utilise à six reprises le mot « tendresse ». Protéger et prendre en charge « requiert de la bonté, requiert de vivre avec tendresse ». Et la tendresse, conclut-il, « n'est pas la vertu du faible mais elle dénote au contraire une force d'âme et une capacité d'attention, de compassion, de véritable ouverture à l'autre ». C'est pourquoi « nous ne devons pas avoir peur » de la bonté et de la tendresse.

« Garder la Création, tout homme et toute femme, avec un regard de tendresse et d'amour, c'est ouvrir l'horizon de l'espérance, et permettre une percée de lumière au milieu de tant de nuages. »

Ce regard de tendresse et de miséricorde, nombreux sont ceux qui, dans le monde entier, le reconnaissent désormais sur le visage du nouveau pape.

X

Quel pape sera-t-il ?

Par sa simplicité et sa sobriété, qui ne constituent pas une attitude calculée ni une stratégie médiatique, le pape François a déjà donné dès les premiers jours de son pontificat un signal important de changement. Le refus de se déplacer avec la voiture officielle, la réduction de l'appareil de sécurité qui finissait par emprisonner le pontife, la décision de ne pas déménager dans la suite « papale » de la Maison Sainte-Marthe et de demeurer dans la chambre 207 qui lui avait été attribuée lors du tirage au sort des logements des cardinaux avant le conclave, et enfin, la volonté d'être proche des fidèles, sont déjà des signes très parlants. Il donne un exemple qui pourrait être à l'origine d'une réforme et que les cardinaux et les évêques pourraient commencer à suivre. L'enthousiasme avec lequel les gens — dont ceux qui s'étaient éloignés de la foi ou qui n'avaient jamais fait l'expérience de la vie de foi — ont accueilli le nouveau pape et ses premiers messages a de quoi surprendre. Certains ont quand même voulu mettre en garde contre l'effervescence médiatique ou contre le possible baiser de la mort de quelques commentateurs laïcs.

Ceux qui émettent ces réserves semblent presque contrariés de voir que, pour une fois, l'Église et son message attirent autant de gens et suscitent intérêt, sympathie et admiration. Mais il y a plus que cela. Un grand nombre de personnes qui s'étaient éloignées de la foi sont retournées à l'Église après l'élection de Bergoglio, tellement ses paroles sur la miséricorde les ont impressionnées. Le premier grand changement, donc, ne passe pas par la nouvelle « équipe » de gouvernement de François, ni par la modification des institutions.

Cela n'écarte pas, évidemment, la possibilité d'une réforme de la Curie qui, selon toute probabilité, aura lieu. Deux transformations s'imposent. La première est d'ordre structurel : il s'agit d'une réforme qui vise à simplifier le fonctionnement de la Curie. Divers « conseils pontificaux » peuvent être fusionnés et une meilleure coordination entre les dicastères s'avère nécessaire. En outre, la Curie ne doit pas gouverner l'Église, mais être au service du pape. Le rapport entre la Curie et les conférences épiscopales, entre le centre et la périphérie, est important lui aussi. La deuxième réforme devrait concerner la moralité même de la Curie, qui a parfois semblé faiblir, ces dernières années. Il suffit de voir les scandales récents, une certaine gestion des questions liées à la finance, l'existence de factions. Il n'est pas exclu, pour prévenir le carriérisme, que soit abolie l'intégration systématique des chefs de dicastères de la Curie dans le collège cardinalice. Les ecclésiastiques doivent venir à la Curie pour travailler et pour servir le pape, et non pour faire carrière.

À ce sujet, on peut noter à quel point le style traditionnel de la Curie est en train de se perdre, un style qui était celui d'officiels capables et compétents, qui restaient toujours dans l'ombre, prompts à préparer une note ou un document, ou à analyser un problème.

La nécessité de la réforme vient de l'image qu'on veut donner de l'Église : dans le prolongement de la purification amorcée par le pape Ratzinger, pour évangéliser, il faut être crédible.

La perspective évangélique, la simplicité évangélique, devient la source d'un changement réel et commence avec le redressement de la Curie après un certain laisser-aller. Il n'est pas exclu non plus qu'on fasse un pas vers les divorcés remariés : pour qu'ils se sentent fils et filles de l'Église, bien qu'ils ne puissent pas recevoir la communion sacramentelle, ils doivent être écoutés et considérés comme des membres de la communauté.

Il y a quelques années, en parlant de ce thème au cours d'un consistoire, le cardinal Roger Etchegaray avait fait référence à la théologie dite « de l'économie et de la philanthropie » chez les orthodoxes, qui autorisent les secondes noces. L'orthodoxie n'est pas favorable au divorce et elle fait siennes les paroles de Jésus sur la répudiation du mariage en tant qu'acte unilatéral et humain de la dissolution d'un lien divin. Mais, en se basant sur le fait que le Christ lui-même avait permis une exception (Matthieu 19,9 : « Je vous le dis : Si quelqu'un répudie sa femme — sauf en cas d'union illégale — et en épouse une autre, il est adultère »), l'Église orthodoxe, malgré son refus de la répudiation, est prête à tolérer les secondes noces de certaines personnes. Ces personnes sont celles dont le lien matrimonial a été dissous par l'Église (et non par l'État), sur la base du pouvoir qui lui a été donné de lier et de délier, et pour accorder une deuxième chance dans certains cas particuliers : par exemple, en cas d'adultère persistant ou quand le mariage n'est plus qu'une façade. Le droit à des secondes noces après dissolution du mariage est accordé seulement au conjoint innocent. Le second mariage, à la différence du premier, est célébré avec un rite de caractère pénitentiel — dont le principe est la reconnaissance d'une situation d'échec — qui contient une prière d'absolution.

Dans la tradition antique, on ne procédait pas, en cas de secondes noces, au couronnement des époux — moment essentiel du mariage selon la théologie orthodoxe. C'est en se référant à cette tradition que les orthodoxes justifient le fait que les secondes noces ne sont pas un véritable sacrement, mais tout au plus un « sacramental », qui permet aux nouveaux époux de voir leur union pleinement acceptée par la communauté ecclésiale. Le rite des secondes noces s'applique aussi dans le cas de conjoints décédés. À la différence du catholicisme, l'orthodoxie n'autorise donc qu'un seul vrai mariage sacramentel.

Sur ce thème, il faudra suivre l'indication précise donnée par Benoît XVI lors de sa dernière rencontre avec les juges de la Rote romaine, peu de temps avant sa renonciation. Le pape Ratzinger avait invité à mieux étudier certaines causes matrimoniales pour voir si l'absence de foi pouvait être considérée comme un motif de nullité et donc faciliter la dissolution et permettre les secondes noces.

On a discuté, après l'élection de François, sur ce que seraient ses positions par rapport à certains sujets éthiques : par exemple, en ce qui concerne la reconnaissance des couples homosexuels. Le message de la miséricorde et de l'accueil, qui cherche à transmettre la réalité d'un Dieu prompt à accueillir tout le monde et à pardonner à tous, pourrait inspirer une approche différente, même sur ce thème, sans nécessairement impliquer des changements du point de vue doctrinal. On connaît bien, en effet, l'opposition de Bergoglio, fondée sur la loi morale naturelle, au mariage entre personnes du même sexe.

François a donné une autre indication importante sur son pontificat à venir dès sa première apparition à la loggia centrale de Saint-Pierre, quand il a insisté sur son statut d'« évêque de Rome ». Il n'est pas difficile d'imaginer que le lien avec son diocèse, avec les paroisses romaines, sera primordial pour François. L'accent mis sur sa mission en tant qu'évêque de Rome peut avoir des implications intéressantes, soit dans le domaine de la collégialité au sein de l'Église catholique, soit dans le domaine des relations œcuméniques, en particulier avec le monde orthodoxe. La présence du patriarche œcuménique de Constantinople Bartholomée Ier à la messe d'inauguration du pontificat, et la longue conversation fraternelle que François et le patriarche ont eue, sont un signe prometteur.

Un autre dossier datant du pontificat de Benoît XVI reste ouvert, celui des lefèbvristes. Bergoglio s'était déjà exprimé au sujet des groupes traditionalistes qui avaient un séminaire et quelques églises en Argentine : « Paradoxalement », affirmait-il dans un entretien avec Stefania Falasca publié par *30 Giorni* en 2007, « si justement on est fidèle, on doit changer. On ne demeure pas fidèle, comme les traditionalistes ou les fondamentalistes, à la lettre. La fidélité suppose toujours un changement, une nouvelle floraison, une croissance. Le Seigneur opère un changement en celui qui lui est fidèle. » En d'autres occasions, le futur pape avait dit que ce type de religiosité très rigide se cache derrière des doctrines qui prétendent offrir des justifications mais qui en réalité restreignent la liberté et ne laissent pas les gens grandir. Il faut aussi ajouter que le cardinal de Buenos Aires est toujours resté en contact avec le responsable de la Fraternité Saint-Pie X ; il l'a reçu et il a dialogué avec lui, dans une relation franche et sincère. Et, au-delà des âpres critiques contre le nouveau pape lancées par les nostalgiques de la mozette d'hermine et des chaussures rouges, il y a des traditionalistes qui se retrouvent dans de nombreux traits des homélies et des discours de François. À peine élu, le premier soir, il a demandé aux fidèles réunis sur la place Saint-Pierre de prier le *Pater,* l'*Ave,* et le *Gloria,* il ne manque jamais de parler de Marie et il ne cache pas sa dévotion aux saints. Et il a voulu maintenir — avec une plus grande sobriété et simplicité toutefois — les caractéristiques essentielles des célébrations papales de Ratzinger.

Parmi les autres chantiers à suivre, le développement des relations avec le judaïsme. Bergoglio a toujours maintenu d'excellents rapports avec la communauté juive et en 2010 il a signé un livre à quatre mains avec le grand rabbin de Buenos Aires, Abraham Skorka[1]. Il s'agit d'un dialogue sur plusieurs thèmes : Dieu, les athées, les religions et leur avenir, les disciples, la prière, le péché, la mort, les femmes, l'avortement, l'éducation, la politique, l'argent, la Shoah, le dialogue interreligieux.

1. *Sobre el cielo y la tierra*, Buenos Aires, Sudamericana, 2010.

Dans ce livre, le futur pape affirme : « Mon expérience de Dieu réside dans le cheminement et la recherche, et dans le fait de me laisser chercher. » Bergoglio contemple le monde à partir de cette expérience. À propos du dialogue avec les athées, il dit : « Quand je rencontre des personnes athées, je partage des questions humaines mais je n'aborde pas, dans un premier temps, la question de Dieu, sauf si ce sont eux qui amènent le sujet. Si nécessaire, je leur dis pourquoi je crois. Il y a tellement d'humanité à partager que nous pouvons, tranquillement, mettre en commun nos richesses réciproques. Depuis que je suis croyant, je sais que ces richesses sont un don de Dieu. »

Dans un autre passage, Bergoglio affirme : « Je crois que celui qui adore Dieu a, à partir de son expérience, le devoir d'accomplir la justice avec ses frères. Il s'agit d'une justice très créative parce qu'elle doit inventer l'éducation, la promotion sociale, l'engagement, le souci des autres, etc. C'est précisément pour cela que l'homme religieux est appelé un juste. En ce sens, la justice est créatrice de culture. La culture d'un idolâtre et celle d'une femme ou d'un homme qui adorent le Dieu vivant n'est pas la même. Aujourd'hui, par exemple, nous avons une culture idolâtre dans notre société : la surconsommation, le relativisme et l'hédonisme. »

Il faut également s'arrêter sur ce qu'il dit de l'autorité des grands chefs religieux : « Les grands chefs du peuple de Dieu sont des hommes qui ont laissé place au doute. Moïse était l'homme le plus humble qui soit sur la terre. Devant Dieu, il n'y a que l'humilité qui compte, et cela exige de la part des chefs religieux de faire de l'espace pour Dieu, d'avoir à affronter l'expérience intérieure de la nuit, du fait de ne pas savoir quoi faire. Une des caractéristiques d'un mauvais chef est l'excessive autorité qui découle d'une trop grande confiance en soi. » Une position que le rabbin Skorka partage : « La même foi [juive] se manifeste par le truchement d'un certain sentiment de doute. Je peux être certain à 99,99 pour cent de l'existence de Dieu mais pas à 100 pour cent, parce qu'on vit en cherchant. »

Dans le livre, on retrouve aussi l'enseignement sur l'Église qui ne peut être réduite à une organisation humanitaire. Bergoglio explique : « Je pense qu'une congrégation religieuse ne peut pas être assimilée à une ONG. La différence réside dans la sainteté. Les ONG n'ont rien à voir avec la sainteté. On y trouve un comportement social adéquat, de l'honnêteté, une manière de faire, une logique politique. Cela fonctionne d'une manière laïque. Mais pour les chefs des religions, la sainteté est incontournable. »

Autre aspect intéressant : la référence à l'expérience pastorale du cardinal de Buenos Aires qui, à propos de la formation des candidats au sacerdoce, rappelle les choix qui ont été faits dans son diocèse : « Nous acceptons au séminaire seulement quarante pour cent environ des candidats qui font une demande. On peut refuser pour des raisons psychologiques : des personnes atteintes de pathologies ou de névroses qui recherchent un sentiment de sécurité. Certains qui ne réussissent pas à s'accomplir dans leur vie pensent pouvoir trouver une place au sein d'une corporation. Le clergé en est un exemple. Nous gardons donc les yeux bien ouverts, nous cherchons à bien connaître les personnes qui montrent de l'intérêt pour le sacerdoce. Puis, pendant une année entière, la vie en communauté expérimentée tous les week-ends permet de distinguer ceux qui ont la vocation de ceux qui cherchent un refuge ou se trompent dans leur perception de l'appel de Dieu. »

Un des passages les plus touchants du dialogue, fait remarquer le bibliste Matteo Crimella, est celui relatif à la prière. « La prière doit servir à unir le peuple : c'est un moment dans lequel nous disons tous exactement les mêmes paroles », affirme le rabbin Skorka. Bergoglio lui fait écho : « Prier est un acte de liberté. » Et il ajoute : « La prière, c'est parler et écouter. Il y a des moments de profond silence, d'adoration, dans l'attente du temps qui passe. »

Dans le dialogue avec le rabbin, le thème des grandes idéologies du XXe siècle est également abordé : « Le christianisme condamne avec la même vigueur autant le communisme que le capitalisme sauvage. Un exemple clair est celui de l'évasion fiscale. L'argent a une patrie et quiconque prend la richesse produite dans un pays pour la transférer ailleurs commet un péché, du fait qu'il n'honore pas le pays qui produit cette richesse et le peuple qui travaille pour la générer. » Et il ajoute, à propos du blanchiment d'argent provenant du trafic de stupéfiants : « On ne peut accepter l'argent taché de sang. »

Autre passage significatif, celui consacré aux richesses de l'Église : « On parle toujours de la richesse du Vatican. Une religion a besoin d'argent pour supporter ses œuvres et il n'y a rien d'illicite à ce qu'elle passe par des institutions bancaires. L'argent qui entre dans les caisses du Vatican est dépensé pour les lépreux, pour les écoles, pour les communautés africaines, asiatiques, américaines. » Puis, rappelant le martyre de saint Laurent et sa défense des pauvres, il affirme : « Les pauvres sont le trésor de l'Église et nous devons en prendre soin ; si nous n'avons pas cette vision, nous construirons une Église médiocre, tiède, sans vigueur. » On imagine bien que, sous le pontificat de Bergoglio, l'IOR, l'Institut pour les œuvres de religion, s'il continue d'exister, devra poursuivre son action en ce sens de manière à effacer les accusations de ces dernières décennies.

En ce qui concerne les formes de présence du christianisme, Bergoglio affirme dans sa conversation avec le rabbin : « Si l'on regarde l'histoire, les formes religieuses du catholicisme ont considérablement varié. Je pense, par exemple, à l'État pontifical, où le pouvoir temporel était uni au pouvoir spirituel. C'était une déformation du christianisme et cela ne correspondait pas à ce que Jésus avait demandé. Si donc il y a eu dans l'histoire une évolution aussi grande, nous pouvons penser qu'à l'avenir l'Église s'adaptera à la culture de son temps. Le dialogue entre religion et culture est une des clefs du concile Vatican II. Un autre principe de l'Église est celui de la conversion permanente — *Ecclesia semper reformanda* —, et sa transformation prend différentes formes dans le temps, sans altérer le dogme ».

Enfin, cet ouvrage ne manque ni d'anecdotes ni de mots d'esprit. L'un d'eux porte sur l'usage ou non de la soutane de la part des prêtres. Bergoglio cite à ce propos une conversation qu'il a eue avec un jeune prêtre à qui il avait dit : « Le problème n'est pas que tu la portes ou non, mais plutôt de savoir si tu te retrousses les manches pour travailler pour les autres. »

Le nouveau pape connaît bien, également, la réalité des groupes évangéliques qui se répandent de plus en plus en Amérique latine. Luis Palau, un des leaders mondiaux des chrétiens évangéliques, a raconté son amitié avec Bergoglio. Et le pasteur de Buenos Aires, Juan Pablo Bongarrá, se rappelle : « Même à nous, il demandait de prier pour lui. »

« Quand tu es avec Bergoglio, tu as l'impression qu'il connaît Dieu le Père personnellement », a déclaré Palau dans une interview. « La façon dont il prie, dont il parle avec le Seigneur, est celle d'un homme qui connaît Jésus Christ et qui est spirituellement intime avec le Seigneur. Prier ne lui cause aucune fatigue. »

La partie la plus intéressante de l'entretien est celle dans laquelle il parle de ce que pourraient être les relations entre le pape Bergoglio et les Églises évangéliques. « Je pense que nous assisterons à un pontificat qui apaisera les tensions. Ça ne veut pas dire que nous serons d'accord sur tout, il faut le dire d'emblée. Lui, il est le pape de l'Église de Rome, et il y a des questions sur lesquelles nous devons nous confronter, sur lesquelles nous devons prier et chercher des réponses dans la Bible. Il y a des différences doctrinales, mais quand il y a une attitude d'ouverture réciproque et d'écoute de la parole de Dieu qui est prise au sérieux, la lumière vient ensuite du Seigneur. »

« La majorité des catholiques vit en Amérique latine », poursuit encore le pasteur Palau dans l'entretien avec *Christianity Today*, repris sur le site *Vatican Insider*. « Et même s'il y a des millions de chrétiens qui se sont tournés vers notre voie évangélique pour suivre Jésus Christ, au moins soixante-dix pour cent des Latino-Américains se disent catholiques. Jusqu'à il y a quelques décennies, on était dans la confrontation et c'était déplaisant. À certains endroits, le risque que les fidèles en viennent aux mains existe encore, mais ce n'est plus comme il y a cinquante ans. Les tensions maintenant sont plus théologiques… »

Palau pense qu'il n'y aura pas de confrontation avec le pape François : « Il l'a démontré amplement durant son mandat de cardinal en Argentine. Plusieurs ponts ont été jetés et il y a eu des manifestations de respect, à travers la reconnaissance de nos différences mais aussi de nos points d'accord : la divinité de Jésus, sa naissance virginale, sa résurrection et son retour. » Mais au-delà des positions théologiques, ce sont les rapports entre personnes qui vont compter. Palau fait le récit d'une rencontre au cours de laquelle Bergoglio lui a raconté qu'un des comptables de l'archevêché était chrétien évangélique : « Je peux me fier à lui », avait-il expliqué, « parce que nous passons des heures à lire la Bible ensemble et à boire du *maté.* »

En février 2012, Benoît XVI avait tenu son avant-dernier consistoire pour la création de nouveaux cardinaux. Lequel consistoire s'était avéré très italien et très curial. À cette occasion, le pape Ratzinger avait prononcé une homélie dans laquelle il demandait un retour à l'humilité et au sens du service. Le cardinal Bergoglio n'était pas venu à Rome. Je l'avais joint au téléphone et lui avais demandé s'il pouvait répondre à mes questions sur les déclarations du pape, mais aussi sur la situation particulière que la Curie romaine était en train de vivre à ce moment-là, avec le scandale des Vatileaks. Les documents confidentiels avaient déjà commencé à sortir depuis un mois, mais on ne savait encore rien de la responsabilité du majordome de Benoît XVI. Nous nous sommes parlé au téléphone un long moment. Voici ma transcription de mes questions et de ses réponses. L'entretien a été publié sur *Vatican Insider*. Comme il fait toujours avec les journalistes à la fin d'une conversation, Bergoglio m'avait demandé : « Penses-tu que ce que j'ai dit peut être de quelque utilité ? »

COMMENT VOYEZ-VOUS LA DÉCISION DU PAPE D'ANNONCER UNE ANNÉE DE LA FOI ET D'INSISTER SUR LA NOUVELLE ÉVANGÉLISATION ?

Benoît XVI insiste sur la priorité à donner au renouvellement de la foi, et il présente la foi comme un cadeau à transmettre, un don à offrir, à partager, un acte de gratuité. Ce n'est pas une possession, mais une mission. Cette priorité pointée par le pape a une dimension mémorielle : « Avec l'Année de la Foi nous faisons mémoire du don reçu. Et cela repose sur trois piliers : la mémoire d'avoir été choisis, la mémoire de la promesse qui nous a été faite et celle de l'alliance que Dieu a conclue avec nous. »

QUE VEUT DIRE ÉVANGÉLISER, DANS UN CONTEXTE COMME CELUI DE L'AMÉRIQUE LATINE ?

Ce contexte est né de la cinquième conférence des évêques d'Amérique latine, qui s'est tenue à Aparecida en 2007. Elle nous a convoqués à une mission continentale : tout le continent est dans un état de mission. On a fait et on fait encore des programmes, mais il y a surtout l'aspect paradigmatique : toute l'activité ordinaire de l'Église a été définie en fonction de la mission. Cela implique une tension très forte entre centre et périphérie, entre la paroisse et le quartier. Il faut sortir de nous-mêmes et aller vers la périphérie. Il faut éviter la maladie spirituelle de l'Église autoréférentielle. Il est vrai que, lorsque nous sortons dans la rue, comme il arrive à chaque homme et à chaque femme, des incidents peuvent se produire. Mais si l'Église demeure fermée sur elle-même, autoréférentielle, elle vieillit. Et entre une Église accidentée qui sort dans la rue, et une Église rendue malade par excès d'autoréférence, il n'y a pas de doute que je préfère la première.

QUELLE EST VOTRE EXPÉRIENCE À CE PROPOS EN ARGENTINE ET EN PARTICULIER À BUENOS AIRES ?

Nous cherchons à entrer en contact avec les familles qui ne fréquentent pas la paroisse. Au lieu d'être une Église qui accueille et qui reçoit, nous cherchons à être une Église qui sort d'elle-même et va vers les hommes et les femmes qui ne la fréquentent pas, qui ne la connaissent pas, qui en sont partis ou qui sont indifférents. Nous organisons des missions sur les places publiques, celles où il y a beaucoup de gens qui se rassemblent : nous prions, nous célébrons la messe, nous proposons le baptême que nous administrons après une brève préparation. C'est le style des paroisses et du diocèse même. Nous essayons aussi d'entrer en contact grâce aux nouveaux moyens de communication comme Internet.

DANS LE DISCOURS AU CONSISTOIRE ET ENSUITE DANS L'HOMÉLIE DE LA MESSE DU 19 FÉVRIER 2012, LE PAPE A INSISTÉ SUR LE FAIT QUE LE CARDINALAT EST UN SERVICE ET TOUT AUTANT SUR LE FAIT QUE L'ÉGLISE NE SE FAIT PAS SEULE. QUEL COMMENTAIRE POUVEZ-VOUS FAIRE DES PAROLES DE BENOÎT XVI ?

L'image évoquée par le pape m'a frappé, alors qu'il a parlé de Jacques et Jean et des tensions entre les disciples de Jésus sur qui devait être le premier. Cela nous montre que certaines attitudes, certaines discussions, ont toujours eu lieu dans l'Église, depuis les tout débuts. Et cela ne devrait pas nous scandaliser. Le cardinalat est un service, il n'est pas un honneur dont on peut se vanter. La vanité, la vantardise, est une attitude de mondanité spirituelle, qui est le pire péché dans l'Église. Cette affirmation se trouve dans les dernières pages du livre *Méditation sur l'Église* d'Henri de Lubac. La mondanité spirituelle est un anthropocentrisme religieux qui a des aspects gnostiques. Le carriérisme, la recherche des promotions, cadre pleinement avec cette mondanité spirituelle. Je le dis souvent, pour illustrer la réalité de la vanité : Regardez le paon, il est si beau quand on le voit du devant. Mais si tu te déplaces de quelques pas et que tu le regardes de derrière, tu saisis la réalité… Quiconque cède à cette vanité autoréférentielle cache au fond une très grande détresse.

EN QUOI CONSISTE, ALORS, LA MISSION AUTHENTIQUE DU CARDINAL ?

Les cardinaux ne sont pas les agents d'une ONG, mais ils sont les serviteurs du Seigneur, sous l'inspiration de l'Esprit saint, cet Esprit saint qui fait la vraie différence entre les charismes et qui, en même temps, les unit au sein de l'Église. Le cardinal doit entrer dans cette dynamique de la diversité des charismes et en même temps en voir l'unité. Et cela, en ayant conscience que l'auteur, aussi bien de la différence que de l'unité, c'est ce même Esprit saint. Un cardinal qui n'entre pas dans cette dynamique ne me semble pas répondre aux exigences de Benoît XVI.

XI

Une vie « transpercée par le regard d'amour de Dieu »

À l'archevêché de Buenos Aires, le bureau du cardinal Bergoglio, aujourd'hui le pape François, est quasiment plus petit que celui de sa secrétaire. Il n'a jamais voulu occuper le bureau de l'archevêque, à l'étage supérieur, qui aurait pu lui donner un sentiment de pouvoir et de supériorité. Dans le palais archiépiscopal, il occupait la même chambre qu'il avait quand il était vicaire général du prédécesseur, le cardinal Quarracino. « C'est une chambre extrêmement austère », écrivent Sergio Rubin et Francesca Ambrogetti dans le livre *El Jesuita*. Il y a un simple lit en bois et un crucifix qui appartenait à ses grands-parents, Rosa et Giovanni. Il y a aussi un radiateur électrique parce que, même si l'édifice possède un système de chauffage, Bergoglio ne permettait pas qu'on le fasse fonctionner sans la présence de tout le personnel de l'archevêché. Une dame venait faire le ménage tous les mardis, mais c'était le cardinal qui refaisait son lit tous les matins.

En face de la chambre, il y a sa chapelle personnelle. La chambre contiguë contient sa bibliothèque, pleine de livres et de documents. Parmi ceux-ci, il s'en trouve un qui est décoloré et qui contient sa profession de foi, écrite « dans un moment de grande intensité spirituelle », avant qu'il ne soit ordonné prêtre.

« *Je veux croire en Dieu le Père, qui m'aime comme un fils, et en Jésus, le Seigneur, qui a insufflé son Esprit dans ma vie pour me donner le sourire et m'amener ainsi au royaume éternel de vie.*

Je crois en mon histoire, qui a été transpercée par le regard d'amour de Dieu et qui, en ce 21 septembre, premier jour du printemps, m'a conduit à une rencontre pour m'inviter à le suivre.

Je crois en ma souffrance, stérile en raison de l'égoïsme dans lequel je me réfugie.

Je crois en la petitesse de mon âme, qui cherche à avaler sans donner… sans donner.

Je crois en la bonté des autres, que je dois aimer sans crainte, et sans jamais les trahir au profit de ma propre sécurité.

Je crois en la vie religieuse.

Je crois en ma volonté de beaucoup aimer.

Je crois en la mort quotidienne, brûlante, que je fuis, mais qui me sourit en me demandant de l'accepter.

Je crois en la patience de Dieu, accueillante et douce comme une nuit d'été.

Je crois en la présence de papa au ciel avec le Seigneur.

Je crois en la présence du père Duarte aussi, priant pour mon sacerdoce.

Je crois en Marie, ma mère, qui m'aime et qui ne me laissera jamais seul. Et j'attends la surprise de chaque jour où se manifesteront l'amour, la force, la trahison et le péché, qui m'accompagneront jusqu'à la rencontre définitive avec ce visage merveilleux dont j'ignore les traits, qui fuit constamment, mais que je veux connaître et aimer. Amen. »

Le père Duarte cité dans cette profession de foi n'est autre que le prêtre qui avait confessé Jorge Mario ce premier jour de printemps. Une rencontre décisive pour découvrir l'appel de Dieu.

Le nouveau pape a une grande dévotion à sainte Thérèse de Lisieux. Quand il venait à Rome comme cardinal, il avait l'habitude de s'arrêter à la petite église de Santa Maria Annunziata in Borgo — populairement appelée Annunziatina —, un oratoire de Rome qui se trouve le long du Tibre dans le secteur du Vatican, près de Saint-Pierre. Elle se trouvait sur le chemin que Padre Bergoglio parcourait entre la via della Scrofa et le Vatican. Il s'y arrêtait pour prier.

En octobre 2012, les Frères franciscains de l'Immaculée, qui ont la garde de l'église depuis 1998, ont commencé à remarquer la présence d'un prêtre qui, ponctuellement, à 9 heures du matin, s'arrêtait pour prier dans un grand recueillement devant la statue de sainte Thérèse de l'Enfant-Jésus, puis s'en allait. « C'était un prêtre qui n'était plus tout jeune », raconte le père Rosario Sammarco, sur la page Facebook des Frères franciscains de l'Immaculée, « à la silhouette élancée. Il intriguait aussi bien par la ponctualité de ses arrivées que par son attitude très dévote et très simple. Pour vous donner une idée, à la fin de la prière, il avait l'habitude de faire comme font tant de petites vieilles de nos villages : il touchait la statue et lui donnait un baiser. La curiosité a augmenté quand les frères ont remarqué qu'il avait une soutane avec des boutons rouges. Un cardinal, donc ? Mais qui pouvait-il être ? » Un des frères assigné à la sacristie, frère Anselmo M. Marcos, décide enfin un jour de s'approcher du pèlerin dévot et de lui demander qui il est. Padre Bergoglio se présente et dit être le cardinal de Buenos Aires.

Alors qu'il recevait à déjeuner la présidente de l'Argentine à la veille de la messe inaugurale de son pontificat, le nouveau pape lui a offert une rose blanche, symbole de sa dévotion pour sainte Thérèse.

Dès la première heure de son élection, François a téléphoné personnellement à ses amis, à Rome et à Buenos

Aires. Il en a invité certains à la messe à l'église Sainte-Anne du dimanche 17 mars.

Parmi les coups de téléphone, il y a aussi celui qu'il a passé à Daniel, le marchand de journaux de la calle Bolivar, proche de la place de Mai, à quelques pas de la cathédrale de Buenos Aires. Le pape l'a appelé pour le remercier et pour mettre fin à son abonnement au quotidien *La Nación* qui, avec le *Clarín*, font partie des journaux les plus lus en Argentine. L'homme ne voulait pas en croire ses oreilles, il a pensé que c'était une plaisanterie. « Hola Daniel, c'est padre Jorge », lui a dit le pape au téléphone, le 18 mars. « Allons, Mariano, ne fais pas le crétin, arrête ça ! » a répondu le vendeur de journaux, en pensant que c'était un ami qui lui faisait une blague. « Sérieusement, je suis Jorge Bergoglio et je t'appelle de Rome. Merci pour ce que tu as fait pendant toutes ces années, mais maintenant, je n'ai plus besoin de recevoir le journal », a dit le pape. « Ce fut un choc, j'ai commencé à pleurer, et je ne savais pas quoi dire… », a raconté Daniel. « Il m'a remercié et il a envoyé ses salutations à ma famille », a-t-il ajouté. « Je lui ai dit qu'il me manquerait et je lui ai demandé si nous le verrions bientôt par ici. Il m'a répondu que ce serait compliqué au moins pour un certain temps, mais il a ajouté qu'il serait toujours présent », a conclu le marchand de journaux.

Voilà un pape qui, le jour suivant son élection, va chercher sa valise et payer une facture d'hôtel, qui téléphone à ses amis et continue d'être lui-même en tout et partout. Un futur pape qui avait affirmé à Sergio Rubin et Francesca Ambrogetti : « La vérité est que je suis un pécheur que la miséricorde de Dieu a appelé d'une manière privilégiée. » Et qui, à la question de savoir comment il se définirait, avait répondu : « Jorge Bergoglio, prêtre ».

Table des matières

Composé par Nord Compo Multimédia
7, rue de Fives, 59650 Villeneuve-d'Ascq

Achevé d'imprimer en France
dans les ateliers de Normandie Roto Impression s.a.s.
61250 Lonrai
en avril 2013
Dépôt légal : avril 2013 – N° d'impression : 131451